U0948185

爱在山河　向美而行

——2020 生态环保主题活动集萃

生态环境部宣传教育中心　编

中国环境出版集团·北京

图书在版编目（CIP）数据

爱在山河　向美而行：2020生态环保主题活动集萃 / 生态环境部宣传教育中心编. -- 北京：中国环境出版集团, 2021.2

ISBN 978-7-5111-4656-4

Ⅰ. ①爱… Ⅱ. ①生… Ⅲ. ①生态环境保护－人物－先进事迹－中国 Ⅳ. ①K828.9

中国版本图书馆CIP数据核字(2021)第032159号

出 版 人　武德凯
责任编辑　林双双
责任校对　任　丽
装帧设计　艺友品牌

出版发行　中国环境出版集团
（100062 北京市东城区广渠门内大街16号）
网　址：http：//www.cesp.com.cn
电子邮箱：bjgl@cesp.com.cn
联系电话：010-67112765（编辑管理部）
010-67112739（第三分社）
发行热线：010-67125803，010-67113405（传真）
印　　刷　北京建宏印刷有限公司
经　　销　各地新华书店
版　　次　2021年2月第1版
印　　次　2021年2月第1次印刷
开　　本　787×1092 1/16
印　　张　16
字　　数　200千字
定　　价　138.00元

中国环境出版集团郑重承诺：

中国环境出版集团合作的印刷单位、材料单位均具有中国环境标志产品认证；
中国环境出版集团所有图书“禁塑”。

“美丽中国，我是行动者”2020 年生态环保主题国画大赛　三等奖

作品名称：常在青山绿水间　作者：樊　高

编审组、编委会名单

编审组

组　长　贾　峰

成　员　何家振

编委会

主　编　杨　俊

编写组　郑　妍　李博越　高　月　云　昊

金　昕　张亚楠　顾彩云　柯昀含

郑晓丽　杨晓慧　范溢娉

目　录

人物记：

2020 年最美生态环保志愿者

[编者按]

2020 年 3 月，生态环境部、中央文明办联合启动 2020 年“美丽中国，我是行动者”主题系列活动。为更好地发挥典型示范和价值引领作用，推动“美丽中国，我是行动者”主题实践活动持续深入地开展，经网络投票和专家评审，郭耕、栗阳等 101 人被评为“2020 年百名最美生态环保志愿者”，受到社会各界的广泛关注和赞誉。本书选取了部分最美生态环保志愿者的事迹予以汇编。

可以看到，在生态环境保护的各个领域都有生态环保志愿者的身影，他们中，有几十年如一日保护濒危物种的老人、有把捡垃圾这件“小事”做大的“80 后”、有长年义务打捞长江垃圾的渔民护卫队、有致力科普宣传的环保组织负责人、也有为铲除污染不惧打击报复的村干部……他们执着、无私地服务于社会、服务于人民，用自己的行动影响和带动着周边的人，为建设美丽中国做出了巨大贡献。

我们每个人都是绿水青山的保护者、建设者和受益者，没有哪一个是旁观者、局外人，让我们向志愿者学习，加入志愿者，和志愿者们一起，勠力同心，携手行动，共同建设美丽中国！

第一篇

保护动物
让人类不孤单

『美丽中国，我是行动者』2020 年生态环保主题国画大赛　二等奖

作品名称：工笔花鸟　作者：曹晓玲

“美丽中国，我是行动者”2020 年生态环保主题摄影大赛
人与自然和谐共生　一等奖

作品名称：小藏狐的好奇心
作　　者：赵育海

“美丽中国，我是行动者”2020 年生态环保主题摄影大赛
美丽中国大好风光　三等奖

作品名称：争斗
作　　者：叶家骐

“美丽中国，我是行动者”2020 年生态环保主题摄影大赛　人与自然和谐共生　三等奖
作品名称：马路天使　作者：谭树禄

“美丽中国，我是行动者”2020 年生态环保主题摄影大赛　人与自然和谐共生　三等奖
作品名称：好朋友　作者：蒙晓东

"美丽中国，我是行动者" 2020 年生态环保主题摄影大赛
人与自然和谐共生　二等奖

作品名称：守望
作　　者：李忠慧

"美丽中国，我是行动者" 2020 年生态环保主题摄影大赛
人与自然和谐共生　二等奖

作品名称：救助藏原羚
作　　者：宋林继

"美丽中国，我是行动者" 2020 年生态环保主题摄影大赛
美丽中国大好风光　二等奖

作品名称：迁徙的藏羚羊
作　　者：曹枝清

“美丽中国，我是行动者”2020 年生态环保主题摄影大赛
美丽中国大好风光　三等奖

作品名称：美丽草原
作　　者：黄　雄

“美丽中国，我是行动者”2020 年生态环保主题摄影大赛 美丽中国大好风光 三等奖
作品名称：雅丹地貌 作者：冯锐强

“美丽中国，我是行动者”2020 年生态环保主题摄影大赛 美丽中国大好风光 三等奖
作品名称：黄河命脉 作者：蔡征

“美丽中国，我是行动者”2020 年生态环保主题摄影大赛　美丽中国大好风光　三等奖
作品名称：壶口奇观　作者：于钦博

“美丽中国，我是行动者”2020 年生态环保主题摄影大赛　美丽中国大好风光　三等奖
作品名称：古格王朝遗址　作者：黄婕

『美丽中国，我是行动者』2020 年生态环保主题摄影大赛　美丽中国大好风光　三等奖

作品名称：最后的江南秘境　作者：余程程

“美丽中国，我是行动者”2020 年生态环保主题摄影大赛　美丽中国大好风光　三等奖
作品名称：“心”境　作者：郑耀德

“美丽中国，我是行动者”2020 年生态环保主题摄影大赛　美丽中国大好风光　三等奖
作品名称：雪染红杉醉西湖　作者：艾琳

“美丽中国，我是行动者”2020 年生态环保主题摄影大赛　美丽中国大好风光　三等奖
作品名称：南迦巴瓦雪山　作者：林义斌

“美丽中国，我是行动者”2020 年生态环保主题摄影大赛　美丽中国大好风光　三等奖
作品名称：枸杞岛夏夜　作者：曹刚

“美丽中国，我是行动者”2020 年生态环保主题摄影大赛　美丽中国大好风光　三等奖
作品名称：贡嘎银河拱桥　作者：侯江春曦

“美丽中国，我是行动者”2020 年生态环保主题摄影大赛　美丽中国大好风光　三等奖
作品名称：天上阿里　作者：胡敏思

“美丽中国，我是行动者”2020 年生态环保主题摄影大赛　美丽中国大好风光　三等奖
作品名称：神秘石林　作者：龚斌

“美丽中国，我是行动者”2020 年生态环保主题摄影大赛　美丽中国大好风光　三等奖
作品名称：山河乾坤　作者：宋传东

“美丽中国，我是行动者”2020年生态环保主题摄影大赛　美丽中国大好风光　三等奖
作品名称：赏雪景　作者：戎文文

“美丽中国，我是行动者”2020年生态环保主题摄影大赛　美丽中国大好风光　三等奖
作品名称：神仙湾　作者：刘光惠

“美丽中国，我是行动者”2020 年生态环保主题摄影大赛　美丽中国大好风光　三等奖
作品名称：黄山胜景　作者：邓贺祥

“美丽中国，我是行动者”2020 年生态环保主题摄影大赛　美丽中国大好风光　三等奖
作品名称：穿越黄河石林二十二道弯　作者：邱新生

“美丽中国，我是行动者”2020 年生态环保主题摄影大赛　美丽中国大好风光　三等奖
作品名称：冰雪泛舟　作者：王建新

“美丽中国，我是行动者”2020 年生态环保主题摄影大赛　美丽中国大好风光　三等奖
作品名称：加榜梯田　作者：罗京来

“美丽中国，我是行动者”2020 年生态环保主题摄影大赛　美丽中国大好风光　三等奖
作品名称：美丽呼伦贝尔　作者：孙明胜

陈宜林：扬州古稀老人义务守护“微笑天使”——江豚

长江江豚，被誉为“长江生态的活化石”“水中大熊猫”。近年来，由于过度开发和环境污染，长江生态遭到破坏，导致江豚数量急剧下降，一度只剩下1 000多只，被列为世界濒危物种。

在扬州，有位年近古稀的老人，他既不是政府官员，也不是研究江豚的专家，但他的名字在江豚保护领域无人不知、无人不晓，他就是中学退休老师——陈宜林，大家都亲切地称他为陈老师。自2010年开始，陈老师连续10年从事野生动物江豚的保护工作，是扬州最早从事江豚保护工作的志愿者。在最初的几年里，没有任何外力资助，为了将公益活动搞得有声有色，吸引更多人参加，陈老师自掏腰包近8万元，一个人默默地用实际行动践行“守护碧水蓝天，共建美丽家园”的承诺，被人们称为“扬州江豚保护第一人”。

陈宜林已经70岁，是新华中学语文退休教师。2011年他发起并成立了全国第一个民间江豚保护协会，多次成功策划组织省、市级江豚保护公益活动，培养了一批批大学生科普志愿者骨干，大学生都亲切地称呼他为“豚爷”。陈宜林多次获得扬州市“十大新闻人物”“十大温暖人物”“十佳科普志愿者”等荣誉，他主持的项目入选江苏十大环保案例。扬州的江豚保护活动在长江沿线城市具有较高的知名度，引得中科院水生生物研究所专家数次来扬州考察；

陈宜林以长江下游的江豚现状为例，向国务院、原农业部大胆提出经济建设要与野生动物保护协调同步的建议，得到了许多部门的支持。

缘起：守护江豚的“美丽微笑”

中国长江江豚是全球鼠海豚科唯一的淡水亚种，被誉为“水中大熊猫”和“长江生态的活化石”。近年来，由于过度开发和环境污染，长江生态遭到破坏，导致江豚数量急剧下降，2013 年江豚被世界自然保护联盟（IUCN）列入红色名录极危物种，其濒危程度仅次于野外灭绝。目前，长江江豚种群数量远低于“国宝”大熊猫。

提起对江豚的最初印象，还要从陈宜林 10 多岁时说起。那时他在扬州中学上学，放学后经常乘船回家。“当时还没有廖家沟大桥，摆渡工人常提醒船上的乘客坐好，小心被‘江猪子’拱翻船！”听完摆渡工人的提醒，陈宜林就纳闷：“这‘江猪子’究竟是什么？竟然有这么大魔力，能将船拱翻？”小时候听惯了的“江猪子”，其实就是江豚。江豚靠肺呼吸，基本是一分钟出水呼吸两次，因此，乘船时经常会遇到江豚出水，这成为他童年一段美好的回忆。

陈宜林与江豚正式结缘起源于 2010 年的一则新闻报道。央视新闻上介绍：“长江江豚目前是长江里唯一的淡水鲸类动物，仅分布于长江中下游及其连通的湖泊中，已在地球上生活了 20 多万年，但近几十年来，随着航运的发展和沿江地区的过度开发，江豚种群数量急剧下降，中科院水生生物研究所专家经科考统计，现存长江江豚的总量仅剩不足千头，如果按照目前的速度下降，专家推测，不出 10 年，江豚就要灭种了……”这则新闻让从小在江边“船村”长大的陈宜林心痛不已，为了寻找合适的迁地保护区，为了守护江豚的“美丽微笑”，陈宜林觉得自己应为江豚保护尽一份力。从此他放弃了闲适的退休生活，开始了一场不同寻常的“长跑”。

▲ 陈宜林在扬州大学普及江豚知识。

坚持：十年如一日“为爱长跑”

陈宜林跑遍长江扬州段，只要听说哪里有渔民见到江豚，他就会赶过去了解情况并记录下来。2011 年 7 月，长江江豚保护机构开始全国招募志愿者，陈宜林成为扬州最早的报名者。好长一段时间里，扬州从事江豚保护的志愿者寥寥无几，大多时候，他都会觉得自己有些孤单。可是无论寒冬还是盛夏，陈宜林都会坚持，但一想到那个递减的数字，他就睡不着觉，他意识到保护江豚仅靠个人力量远远不够，必须动员社会各界共同参与。为此，他成立了“扬州市江豚保护协会”，加入了扬州市科普讲师团，为保护好江豚的美丽家园开始奔走呼吁。

为招募科普志愿者，他经常跑学校、进社区、进企业。“一个人的奔波，只是为了江豚。”扬州大学兽医学院动物保护协会的王飞同学在一次江豚保护讲座中认识了陈宜林，他被这个倔老头感动，于是带领同学们纷纷加入保护江豚的队伍中。经过陈宜林的努力，扬州江豚保护志愿者队伍越来越壮大，除了成年人外，队伍中也多了很多小志愿者，以及南京大学、扬州大学、江苏科技大学等高校学生志愿者。

他创办的“长江江豚讲坛”不仅仅在扬州的幼儿园、中小学、高校宣传，还跨江走进镇江高校、走进上海的学校、走进台湾龙华科技大学，引发许多台湾的大学生对长江江豚的向往。他还与扬州高校的印度尼西亚留学生交流东南亚野生动物保护的情况，并将中国政府的生态保护之音传播得更远。

“扬州市江豚保护协会”还申报成立了江苏省第一支长江江豚巡护队——“扬州江豚协巡队”，协助渔政巡护长江扬州段，为江豚宝贝看家护院，成功将渔民身份转换为护渔人、护豚人，为政府实行渔民上岸、长江禁渔等政策提供了一个很好的思路。

身为扬州市科普讲师团成员，陈宜林每年用自己独特而丰富的方式唤醒大家对江豚保护和生态保护重要性的意识，十年如一日地

▲ 夏令营大合影。

“为爱长跑”。他自 2014 年发动江苏 10 余所高校近 80 名志愿者举办江苏省大学生江豚保护夏令营开始，连续 6 年举办大学生江豚保护夏令营，2017 年他牵头组织“全国大学生江豚保护夏令营”“走进渔家”等活动；2018 年在扬州市杭集镇中心小学、扬州市扬子津小学等学校建立长江江豚自然教育基地，将生态文明教育推向更高层次。

他还把江豚保护与地方非遗文化相结合，研发 30 余种近 200 件江豚题材文创品，在扬州科技馆举办为期两个月的“长江珍稀水生动物科普文创展”，推动地方文化与野生动物保护有机结合。

他在做志愿活动之余，还研发“江豚生态经济”理论课题，推动政府走一条“野生动植物保护与经济建设协调同步”的和谐发展道路，2018 年，他研发的“江豚生态经济”理论课题顺利通过了扬州市专家结题评审，成为江豚保护志愿活动的理论基础。

“打造”，是陈宜林的又一个杰作。2014 年春天，他利用美丽乡村建设的契机，自己筹款在“船村”的绿化小游园里植入长江水生动物科普知识图文解读牌，请书法家为“江豚文化园”题字，使这里成为江苏省第一个有水生动物保护元素的文化园。2018 年全国大学生江豚保护夏令营期间，他与多方沟通联系，最终在廖家沟边的阳光大草坪上建起了长江江豚广场，这里有江豚雕塑、广场牌子等建筑，从此扬州廖家沟城市中央公园里有了水生动物科普园。

在他的带领下，越来越多的市民加入这场“长跑”，他们开始了解江豚，知晓保护长江生态的重要性。他们意识到，作为长江流域的旗舰物种之一，长江江豚的生存状况会直接反映美丽家园的健康情况。

行动：构建美丽家园的“不竭动力”

除了让社会知晓之外，陈宜林更多是用行动来积极构建江豚的“美丽家园”。长江的航运越来越繁忙，该如何保护江豚？陈宜林想到了迁地保护区。经过反复调查，陈宜林认为，他的家乡廖家沟夹江水域比较适宜。2014年他举办的大学生江豚保护夏令营就江豚下游现状及保护可持续性提出建议，并致信国务院和农业部。2014年9月，他接到了农业部渔业渔政管理局资源环保处的来电："李克强总理和农业部部长已分别就你们的意见建议作了批示，感谢你们。"这令陈宜林备受鼓舞。

陈宜林与中科院水生生物研究所的专家们保持着密切的联系，交流了许多封信，每一封信都受到中科院水生生物研究所王克雄等专家们的认真回复，有关专家先后多次对廖家沟水域自然与社会环境进行了全方位调查与评估，对廖家沟优良的生态环境给予好评，并将廖家沟水域列入了《江苏省长江江豚保护行动计划（2014—2023）》。伴随着2015年建设江淮生态大走廊的构想，廖家沟水域开辟江豚保护区事宜也被提到省议事日程，但最后遭到了水利部门的一票否决。原因是根据江豚保护区建设规范，江豚保护区需要采取拦网措施，而廖家沟作为淮河的泄洪通道，不能设置任何障碍物。不采取阻隔措施，迁地保护区就没有存在的价值，这意味着廖家沟不得不退出保护区选择范围的竞选。

这个消息如同晴天霹雳一般，深深打击了陈宜林，但他冷静下来后没气馁。他心想，宣传江豚保护工作主要是为了推动生态文明建设、传播生态保护理念，江豚保护活动不能停。于是，他又继续寻找新的迁地保护水域，积极组织更多的江豚保护宣传活动。

"我希望，扬州也能有一处保护江豚的'乐水'。"陈宜林说，"我们就是要让大家都知道，人类与动物同享一个地球，同在一个生物圈，人类与动物是共繁荣共濒危的关系。我们必须保护好生物的多样性，维护地球生物圈的完整性，通过宣传保护江豚，促进生态文明理念的提升，给生态送温暖、送关怀，为我们的子孙后代留下天蓝、地绿、水清的美丽家园。"

2018年，由陈宜林发起，世界自然基金会以及扬州其他环保机构一起筹办"长江江豚保护基地（扬州）"，这个基地在扬州市生

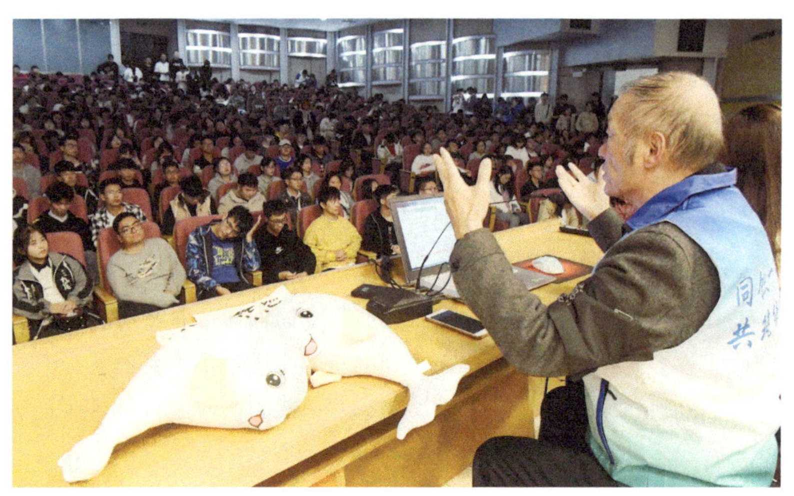

▲ 陈宜林在普及江豚知识。

态科技新城落地。2019 年春，长三角地区大学生生物多样性保护会议在基地召开，不久，加拿大驻上海总领事来到基地参观。5 月上旬，江西鄱阳县鄱阳湖江豚保护协会一行数人来到基地交流保护江豚的经验，这里成了长江江豚保护的国内国际交流平台，让中国的生态保护之音传播得更远。

在陈宜林的努力下，在扬州建立江豚保护区的建议被写入扬州市政府工作报告中，2019 年扬州江豚保护区进入实质性申报阶段。

虽然目前建立扬州江豚保护区还仅仅是一个远景构想，但陈宜林还是倍感振奋。他认为不管最终结果如何，政府和社会各界如此重视江豚和长江生态的保护，他的目的其实已经达到了，因为最好的保护区一定是建在大家的心里的，他也会将这项工作持续下去。

已经 70 岁的陈宜林老人说，也许他将来无法做太多的实际工作，但他可以像当年做老师时一样，用自己的行动为下一代播下一颗爱护环境、保护生态的种子。

（来源：综合网络报道）

肖冬样：
将中华秋沙鸭当“孩子”守护十年

春夏护林，秋冬护鸟，肖冬样一干就是十年。

自 2007 年鹰潭龙虎山泸溪河首次发现国际濒危物种、国家一级保护动物——中华秋沙鸭的身影后，护林员肖冬样便成为中华秋沙鸭的“守护神”。

▲ 护林员肖冬样在巡护中。

十年来，肖冬样自费购买相机拍摄中华秋沙鸭，他忍受着独处深山的孤寂，午饭经常是啃着随身携带的泡饼，他背着一个水壶一走就是一天；十年如一日，他坚持拍摄并写下观察日记，详细记录中华秋沙鸭的来去时间、数量以及活动规律和生活习性，拍摄了 10 万多张照片、5 000 G 视频，掌握了研究中华秋沙鸭的第一手珍贵资料。

濒危物种现身，他担起巡护重任

肖冬样中等身材，黝黑的皮肤，言语间尽显朴实真诚。肖冬样出生于 1968 年，2004 年加入鹰潭龙虎山风景区森林护林员队伍，至今已有 16 个年头，熟悉他的人都习惯称他老肖。

2007 年 11 月，龙虎山泸溪河首次发现国际濒危物种——中华秋沙鸭，自此，老肖开始巡护中华秋沙鸭。

中华秋沙鸭是中国特有鸟类，属于国家一级重点保护动物，是数量比扬子鳄还少的国际濒危物种。目前，全球仅存不到 1 000 只。

中华秋沙鸭之所以在龙虎山越冬，与当地良好的生态环境有关。

龙虎山风景区位于鹰潭市西南 20 千米处，这里是我国典型的丹霞地貌风景，是中国道教发祥地，有着“天然氧吧”的美誉，森林面积 28.5 万亩。它不仅是国家 5A 级景区，还是世界文化遗产和世界地质公园。

在发现中华秋沙鸭后，鹰潭当地采取了严格的保护措施，并于 2008 年初划定 1 800 公顷的保护区。

从那时起，巡护秋沙鸭的任务落在了老肖身上。

起初，老肖对秋沙鸭一无所知。在接到巡护任务后，老肖上网查阅了大量与秋沙鸭有关的资料，自费订阅了有关鸟类保护的杂志，自学专业知识。

为了更好地记录中华秋沙鸭的生活规律和习性，老肖还自费购买了一部相机和一个望远镜，时常向前来科研调查的专家、教授请教，了解中华秋沙鸭的生活规律。

巡护的路途很遥远——老肖每天清晨四五点钟就起床，骑半个小时电动车，换乘竹筏，再沿着铁路走 30 分钟，然后穿越山林才能找到秋沙鸭栖息点。

中华秋沙鸭的警惕性十分高，很难近距离观察，为了详细记录它们的活动情况，肖冬样事先布置了好几个隐藏地点，提前潜伏在河岸边，用望远镜远远观察，其间不能发出任何声音，稍有动静秋沙鸭就会飞走。每次一蹲就是好几个小时，如果遇到刮风下雨或者雪天，工作难度就更大。

秋沙鸭在栖息地时而浮游追逐、卿卿我我，时而登上焦岩、左顾右盼，尽享它们闲适的生活。老肖没空欣赏这些美丽画面，每次都是忙着拍摄、记录。对他来说，这些小精灵的一举一动都有着特定的含义。

有一次，老肖走到龙虎竹筏码头的桥上，看到天上有一只猛禽俯冲下来想要抓一只秋沙鸭，秋沙鸭从 10 多米的高空直接钻到水里

▲ 肖冬样自费订杂志、买相机，记录秋沙鸭。

去了。当时老肖非常紧张，后来看到猛禽飞走了，没有伤害到秋沙鸭，他悬着的心才放下来。

起初，肖冬样的妻子杨细菊不理解丈夫的行为。据杨细菊介绍，老肖几乎每天要巡山 8 小时，中午经常是啃着随身携带的泡饼充饥，背着一个水壶一走就是一天，实际上，他的工作并没有人监督。

工作没有人监督，全靠自己的责任心。用老肖的话说，他习惯把中华秋沙鸭叫作“我家的鸭子”，只要等来了秋沙鸭，是绝不会去打扰它们的，一定要等到它们玩尽兴回了巢，老肖才会收拾行囊回家。

回到家后，他做的第一件事，就是把当天拍摄的视频和照片传输到电脑里，并把一些有趣的记录传给国内的一些专家学者，和大家一起分享秋沙鸭带来的快乐。

十多年拍摄 10 万张照片、5 000 G 的视频

正是老肖的持续观察记录，让大家得知，每年 10 月底中华秋沙鸭分批从北方来到龙虎山，次年 4 月初飞回北方，筑巢于河流两岸林间树洞中。据统计，这些年每年来龙虎山越冬的中华秋沙鸭数量有 70 只左右，多时可达上百只。

老肖称，十几年来，一开始把巡护中华秋沙鸭当成工作，后来和它们成了朋友，心甘情愿看着它们玩耍，再后来把它们当成自己的“小孩”，一天看不到就会想念。

现在，杨细菊每天最喜欢做的一件事就是和肖冬样一起欣赏秋沙鸭的照片。

上清镇党委书记赵俊波表示，十几年来，老肖坚持写观察日记，在日记中详细记录了中华秋沙鸭的来去时间、数量以及活动规律和生活习性，掌握了研究中华秋沙鸭的珍贵资料，给国内众多专家提供了科研素材。

在这十几年里，肖冬样为他的“孩子们”拍摄了 10 万张照片、

▲ 肖冬样每天要巡山 8 小时，背着水壶一走就是一天。

5 000 G 视频。用肖冬样的话说，他已经习惯了这样的生活，这里便是他的家，与青山秀水为伍，和中华秋沙鸭们为伴。

跋山涉水、翻山越岭护林

除了秋冬季节护鸟，肖冬样还担负着春夏护林的任务。

每天早上 8 点 30 分，老肖准时从家里出发，开始一天的巡山工作。沿着铺设在山林间的鹰厦铁路线步行 2 ~ 3 千米，蜿蜒进入山林深处，沿途除了铁路两侧的山岭与溪流外，只有迎面偶遇的铁路清洁员能说上一两句话。

每个护林员一天要巡山 8 个小时，路线都是各自管辖的片区。春夏秋冬，不论晴雨都是如此，有时为了护林需要，凌晨四五点就要起床出发。“能坚持下来的人比较少。”肖冬样说。

一个水壶、一把砍柴刀、一把灭火扫帚是他巡山护林的行头。他有时要走下铁路，沿着陡峭的石梯下至泸溪河边，观察水情；有时要独撑竹筏，在沙石遍布的河道上查看情况；有时还要进入山林深处，细心观察每棵树木是否有恙。

面对美丽的山景，老肖无暇欣赏，因为巡山的路上，危险无处不在。雨天路滑，山路又崎岖陡峭，一不小心就会摔跤，稍有不慎就会有生命危险；而林区内，人迹罕至，护林员一旦遇到紧急情况，呼救都有可能无人回应；并且有些森林保护区内还会有蛇类、野猪出没，虽然有柴刀防身，但意外是无法预料的。

▲ 肖冬样说：“再苦再累，事情总要有人去做。”

在巡护过程中，老肖常在圣井山的溪涧边，看到生火后留下的木炭和食品垃圾。据老肖了解，夏天常有一些市民来此烧烤、野炊，这些垃圾和烧过的木头应该是他们留下的。

看着丢弃在石缝中的食品垃圾，老肖皱着眉头说道：“林区内的火灾往往就是这样的微小因素造成的。”由于森林火灾不可预测，我们只能尽可能地减少起火的因素，护林员被火烧伤、烫伤都在所难免，老肖的耳后就有一处在救火时被烧伤的伤痕。因此，肖冬样常对进山人员和车辆进行记录，尤其是清明节前后，他反复叮嘱祭祖人员要小心用火。

赵书记说：“十年来，肖冬样总是背着巡山护林的行头，每天徒步行走七八个小时，野外巡逻又脏又累，很多人干了没多久就会选择离开，可肖冬样从没半句怨言，由于工作做得出色，他很快担任了护林队长。”

春夏护林，秋冬护鸟。多年来肖冬样任劳任怨、默默奉献，他先后被评为“上清镇政府先进工作个人”“鹰潭市义务消防先进个人”“江西省劳动模范”，荣获“江西省五一劳动奖章”，2013 年，他成功当选“感动鹰潭”年度人物。

在肖冬样看来，虽然护林员的工作总是与孤独、寂寞相伴，但他找到了属于自己独有的快乐——看见中华秋沙鸭在水里欢快地嬉戏。再苦再累，事情总要有人去做，为了让大家的生存环境更加美好，牺牲一点自我又有何不可？

（来源：新法制报　付强　万箫）

03

宋克明：保护“鸟中大熊猫”

宋克明是一名普通的农民，同时也是一位大鸨保护者。他曾当过十年的村委会主任，后因在环境保护方面的重大贡献，先后获得多个奖项，被授予“母亲河奖”绿色卫士奖、“绿色丰碑奖”“中国青年丰田环境保护奖”“全国十大社会公益之星”“地球奖”等。

如今，已经 54 岁的宋克明，头发已经花白，甚至冬天还会因为支气管炎经常咳嗽不止，但他仍坚持做着自己认为有意义的事情——保护大鸨。

有时人们会问他保护大鸨对人类到底有什么意义，作为农民的宋克明说不出头头道道。但朴实的他觉得，大鸨和人类是一样的，他只是想让离家的大鸨“有家可归”，在“家”中不受到伤害。

宋克明说：“大鸨很早就从北方迁移到长垣的黄河湿地越冬，这个习惯一直持续到现在。大鸨和人一样，是恋家的，只要它们能够生存下去，就会一直带领自己的子子孙孙到这里越冬。”

为大鸨“正名”

宋克明说，大鸨是地球上体型最大的能飞行的陆栖鸟类，这种大型的陆栖鸟类是草原的守护者。由于大鸨常常成群活动，古人认为它们总是集成七十只在一起，所以在描述这种鸟时，用“七十”加上鸟，就组成了“鸨”字。大鸨的婚配属于“一夫多妻”制，雄鸟和雌鸟只在短暂的繁殖期生活在一起，交配之后，雄鸟就另觅新欢去了。

其实，“一夫多妻”属于鸟类的正常交配，只是附加上人类的“偏见”之后，就出现了对大鸨的“误解”。“而现在，我们也希望更多人了解大鸨，不要对大鸨有‘偏见’。”宋克明说。

越冬地不知“大鸨”存在

“每年 3 月，它们在越冬地集群，飞到内蒙古和黑龙江的繁殖地，10 月末，大鸨南飞过冬直到次年 3 月再北归。”宋克明介绍说，每年有 5 个月的时间，大鸨都会在长垣越冬，这也就给了盗猎者大量的时间去捕杀这个美丽的鸟类。由于栖息地破坏以及人为猎杀和干扰，曾经伴随农耕文明数千年的大鸨，目前濒临灭绝。而这片豫鲁交界处的长垣黄河湿地，每年冬季就栖息着 300 只左右的大鸨。

如今，大鸨是国家一级保护动物，作为极度濒危鸟类，国际鸟类保护委员会已将大鸨列入世界濒危鸟类红皮书。在我国现存约 800 只，被称为“鸟中大熊猫”。

宋克明回忆说，曾经自己也不知道有大鸨这个物种，只是在巡护中碰到了一种不认识的鸟类，后来才知道这个物种是大鸨。“十多年前的冬天，我接到举报说有人毒害大雁，志愿者一行人便迅速来到举报地点，查获了 3 只大雁和一袋虎纹鸟毛，当时也无法确定是什么鸟类。”半年后，他去北京参加一个野生动物保护会议，听到专家讲到大鸨，才明白那一袋虎纹鸟毛就是大鸨的羽毛。

“我们在大鸨的越冬栖息地，都不知道大鸨的存在，其他地方就更难了解了。”宋克明说，当他了解到这个物种正在灭绝时，便意识到保护大鸨已刻不容缓。

随着环境的变迁，大鸨越冬的栖息地正在逐渐减少，滩涂变成了良田，湿地有了公园、工厂、饭店，再加上盗猎者的猖獗捕杀，大鸨的数量正在逐年减少。

与盗猎者的“战斗”

大鸨的越冬栖息地刚好处于豫鲁两省四县交界处，当地农民有冬季扑杀候鸟的习惯。曾经300只左右的大鸨，如今已经减少到不足200只，大鸨数量逐年减少。

“电击、投毒、强光灯、猎狗，这些都是盗猎者的捕杀手段。”宋克明介绍说，这些袭击对于大鸨具有毁灭性影响。

2012年的秋天，有人举报说在黄河滩地有人捉鸟，宋克明骑着摩托车一刻不停地赶过去。当他来到举报人所说的位置时，远远看到盗猎者正在捡拾被毒死的野鸟，宋克明赶紧报警。盗猎者看到是宋克明慌忙拿起一编织袋鸟转身就跑，宋克明大喊一声随即从摩托车上下来去抓盗猎者，盗猎者见就他一个人也毫不含糊地与宋克明厮打在一起，搏斗中盗猎者拾起一块砖头砸在宋克明的左肩上，宋克明仍死死地抱紧他，直到一个小时后接到报警的民警赶了过来，盗猎者最终受到制裁。

2014年12月21日晚，志愿者发现在豫鲁交界的黄河滩上有人下毒饵，宋克明马上带领志愿者深入毒饵分布区域仔细排查收捡。二十多天的时间，捡拾的毒饵达二十余公斤，找到证据后，投毒者受到了应有的法律制裁。

尽管有宋克明和志愿者坚持不懈地巡护，但仍然无法阻止大鸨数量的减少。“其中有一只大鸨中毒后，我们送到野生动物机构救治，但大鸨野性很强，不吃不喝，几天后就死亡了。”宋克明说，这只大鸨被制作成了标本，一直警醒着他们去保护大鸨。

保护大鸨，也保护湿地

宋克明来到大鸨栖息地，指着黄河边的耕地说，那片耕地曾经是一片滩涂湿地，也是大鸨栖息的地方，尽管已经变成了耕地，但大鸨每年还是回到这里越冬。对于大鸨来说，这里就是他们的家乡。

随着环境的变迁，大鸨的“家乡”也开始有了更多人类活动的区域，耕地、风景区、新修的公路等都在影响着大鸨活动栖息的区域。“我们希望，能够在保护大鸨的同时，保护大鸨的‘家乡’——黄河湿地，让大鸨有家可回。”宋克明举例说，韩国有一个野生保护的成功案例，某村庄为了防止鸟类糟蹋庄稼便捕杀鸟类，当地的鸟类成了濒危物种。而经过当地环保人士和环保机构的努力，渐渐改变了当地农民的观念，可以通过保护鸟类，吸引来自全球各地的鸟类爱好者前去旅游，当地人的收入翻倍增加，人与自然也达到了一种和谐共处的状态。

“我们期望让大鸨也能在这样和谐的环境中生存栖息。”宋克明说。如今，他正致力于推动让长垣成为“中华大鸨之乡”，让全球各地鸟类爱好者前来旅游，拉动大鸨栖息区域的经济，让大鸨保护不会成为“无源之水”，实现可持续的保护与发展。

宋克明认为，如今大鸨仍处于濒危的状况，保护大鸨还是第一位的，如果大鸨已经灭绝，再谈“可持续发展”就为时已晚了。

“现在还离不开我”

几十千米沿着黄河的公路旁，宋克明看着沿途耕地和环境的变化，也同样担忧着大鸨的未来。

“不知今年大鸨会不会受到影响。”宋克明说，经过这么多年的宣传，当地的农民都开始采用光的反射来驱赶鸟类，而不是之前用捕鸟的网或毒饵。大鸨栖息地的四个县，都成立了野生动物保护组织，经常四县联动一起巡护黄河湿地。

“志愿者是最辛苦的，每天晚上巡护200千米，一辆车的油钱就要200元，全都是自掏腰包。”宋克明为了环保奔走了20多年，他靠当地的小生意勉强维持生活，几乎把所有的精力都放在了环保上。

“由于多年在河边巡护，湿气大，我现在也有了支气管炎的‘职业病’。”宋克明笑着说，志愿者来来走走，只有他和几个骨干一直在坚持，“保护大鸨已经刻不容缓，我也想退休，但现在还离不开我。”

对于家人，宋克明是带着愧疚的。他回忆说，女儿考上大学，原本要送她去北京，结果由于当时发现有毒饵，需要排查收捡，走不开，他只好将女儿送到郑州就赶回来了。“别的家长都是将孩子送到学校，而我却只送了一半路。”说完，他讲话声戛然而止，一分钟之后，他深呼了口气，才继续说，“你们可能觉得一个物种灭绝，对人类没有什么影响。我虽然说不太清楚，但我坚信这件事情的意义重大。”

宋克明的巡护日记

2016 年 1 月 29 日

“保鸨反盗猎 · 紧急夜报”：1 月 28 日 23:20 左右，河南省长垣市志愿者在芦岗马占附近发现 5 辆盗猎摩托车和 5 只猎狗，情况异常危急！ 6 名巡护志愿者已合力抓获 1 名盗猎分子、2 辆盗猎车，缴获野山鸡数只、猎狗 1 条，目前已上缴长垣芦岗派出所。盗猎者匆忙逃跑时掉入河中，现已安全。志愿者安全无恙，请放心！

2016 年 2 月 3 日

“保鸨反盗猎 · 夜间播报”：2016 年 2 月 2 日国际湿地日，23:10，保鸨志愿者夜间巡护时在芦岗某村西南角发现，有人带猎狗、矿灯出没，报警后派出所迅速出警并且追上了盗猎者，具体情况暂未知。另一队志愿者正在其他地方巡护，似乎有听到枪声，怀疑是盗猎斑鸠……

（来源：大洋网　张丹）

李剑志：
一个洞庭湖人20年的生态救赎

李剑志，一位来自湖南省益阳市南洞庭湖边的普通数学老师和摄影爱好者。过去的20年，拍鸟护鸟占据了他大部分的业余时间，他将拍摄的珍贵鸟类图片制作成册，先后出版了《洞庭百鸟图》和《洞庭湖鸟类图谱》2本图集，并在清华大学、山西省平遥市以及湖南省内各个学校和社区举办爱鸟护鸟摄影展200多场。李剑志，也因此成为洞庭湖鸟类研究资料的调查人与搜集者。

他说，万鸟常驻洞庭湖是他此生最大的梦想。

直面过去，那是曾经罪恶的自己

年过半百的他双鬓微白，高个，身材偏瘦，沉稳干练，不苟言笑。裸露在外的古铜色皮肤是他过去20年与洞庭湖鸟儿们同呼吸、共命运的最好印证。

“我以前有猎枪，也打过鸟。20世纪70–80年代，农村比较穷，家里人口又多，打只鸟回来可以改善全家人的伙食。”李剑志说，那时他虽然于心不忍，但还是一次次扣下了罪恶的扳机。

“现在回想，那时候的自己真的可笑也很可悲，为了保自己的生活，断送的却是其他生命的生存权利。”李剑志说道。

放下杀鸟的长枪，拿起护鸟的“大炮”

20 世纪 90 年代初，李剑志主动把猎枪上缴给了当地公安机关。作为老师，他曾无数次在课堂上教育学生们要爱鸟护鸟，但是收效甚微。“当时，整个洞庭湖区，打鸟、毒鸟、网鸟是很平常的事，几乎随处可见。”李剑志一直在想着如何用一个更好的方式来改变这种局面。

1999 年，益阳沅江市泗湖山区农民黄远富捡到了一只受伤的猴面鹰，他拒绝被重金收买，并把它交给了动物保护组织。爱好摄影的李剑志当时给黄远富和那只鸟拍了一张照片，刊发在《益阳日报》上。报道反响很大，人们纷纷为黄远富的善举点赞。这件事情也在李剑志心里埋下了种子：“我何不通过自己拍摄的鸟类照片来唤醒更多的人爱鸟、护鸟呢？”从此，李剑志毅然决然拿起相机，开始了他的拍鸟生涯。

这一拍，就是 20 年。曾经对准鸟儿的枪口变成了“大炮”般的摄像机镜头，不再扣扳机的手用按下快门来定格超过百万张的洞庭湖鸟类图。

美到令人窒息，洞庭湖同属于这些鸟类精灵

如今，洞庭湖大约栖息着 340 种不同的鸟类，小到麻雀、燕子，大到天鹅、白鹤，李剑志已经拍到近 300 个种类，他希望能把剩下的鸟都拍全。

“真的美到令人窒息，每次看到鸟儿成群结队地在洞庭湖上飞行，我都会感觉到心灵被净化。”李剑志说洞庭湖应该同属于这些精灵般的鸟类。

虽未能亲身前往洞庭湖观百鸟齐鸣，但透过李剑志的摄影作品，也能感受到那份来自洞庭湖深处的震撼。

数百万张照片里，李剑志非常喜欢一张名为“大餐”的照片——

一只体形类似麻雀大小的黄腹山雀，嘴里叼着一条约 5 厘米长的青虫，停在一根细树枝上。“这么小的一只鸟，居然能叼那么大的虫子。”李剑志说，“洞庭湖有它自己的法则，人类不是上帝，人类也应该遵循法则生存。”

2005 年，李剑志出版的《洞庭百鸟图》，填补了湖南省鸟类学方面的一个空白，该书荣获湖南省第二届科普作品奖图书类二等奖。联合国工业发展组织官员考察洞庭湖湿地生态时，看到了这本书，称赞其对洞庭湖生物多样性的保护与研究意义重大，期望能够译成英文，推动世界各国进一步加强湿地生物多样性的保护。

中国工程院院士、中南大学教授何继善为李剑志撰写“剑胆琴心摄百鸟，志高望远研洞庭”一联，并为其《洞庭百鸟图》和《洞庭湖鸟类图谱》等题写书名。

险葬身洞庭湖底，好在前行不曾孤独

受季节、气候、环境、光线等诸多因素的制约，再加上洞庭湖鸟类格外警觉，因此野外拍摄鸟类十分困难而艰辛，李剑志为此吃了不少苦头，甚至还险些葬身洞庭湖底。

2004 年正月初六，为了拍摄天鹅、小白额雁等珍禽，李剑志顶着寒风，独自骑摩托车数十千米，来到东洞庭湖自然保护区的最南端。白天他躲在洲滩上等待大雁游近，晚上则借住在别人的鸭棚里。鸭棚四面漏风，一张简陋的床，一床禁不住风的薄棉被，李剑志被冻得全身冰冷，但他仍然坚持。为了拍到成群大雁在水中嬉戏的镜头，他独自一人驾船来到湖心，守候了整整 6 个小时，直到手脚冻僵、鼻涕直流，才如愿以偿地拍到满意的照片。

2010 年 7 月的一天，李剑志租了一条船到南洞庭湖拍鸟。下午返回时，天边乌云滚滚，暴风雨骤来，因在湖心无法靠岸躲雨，他与船主只能顶风开船，在湖中同暴风雨搏斗了近 2 个小时才幸运地靠了岸，差一点葬身洞庭湖。

20 年拍鸟生涯，行程万里，历险无数，不过好在一路走来，李剑志都不是孤身一人。他的爱人胡爱云女士一直非常支持李剑志的梦想，一有时间就会跟他一起前往洞庭湖进行野外拍摄。

其身正，不令而行。2015 年 3 月，李剑志号召成立沅江市环保志愿者协会，一时间应者如云。“很多洞庭湖区的老渔民也加入了我们的协会。”李剑志介绍，“近两年，洞庭湖区的鸟儿明显多了起来，特别是去年清退了欧美黑杨、修复了湖区湿地后，来过冬的候鸟数量有了明显改观。曾经毒鸟、网鸟等非法行为泛滥的现象也得到了有效控制。”

李剑志 20 年的拍鸟护鸟之路，是作为一个洞庭湖人的生态救赎之路。从李剑志身上，我们看到的是洞庭湖人对生态保护的执着和对生命的敬畏与尊重。

（来源：华声在线　潘梁平）

梁一元：护鸟人与他的众多“儿女”

这是2020年的6月，连日来，廉江市安铺镇桃花岛候鸟保护区“万巢雏鸟鸣”的壮观景象震撼了十里八乡，镇政府更是拨款支持候鸟保护，努力把桃花岛打造成南方一个重要的候鸟繁殖基地。

密林现“鸟巢世界”

“每平方米范围内至少有两个鸟巢，多的达五六个，保证你一辈子没见过。”“岛主”——护鸟人梁一元迎上来，笑眯眯地说。踏上桃花岛，不见桃花，岛上却一片碧绿，鸟鸣啾啾。

在梁一元居住的小屋后方，一条长满绿草的小径通向几十米外的一片枝繁叶茂、遮天蔽日的茂密林地，从那里传来更多嘈杂的鸟鸣声。梁一元敛声屏气走过去，林木越来越茂密、啁啾声在耳边越来越响亮，随即他手指往上一举，哇，头顶上的树杈横枝间，全是密密麻麻用干枝枯草筑成的鸟巢，把树冠都挤满了。各类雏鸟鸣声响亮，树间巢窝离地两三米，大量已孵化的雏鸟从中探出头来，已长毛的小鸟在树枝间扑腾翻飞，上空偶尔还有大鸟在展翅盘旋，地上、草丛上、灌木叶子上全是鸟儿洒下的排泄物，白花花一大片——整个林间似乎成了喧嚣的“鸟世界”。

见所未见，意犹未尽，记者就被梁一元一把拉着离开了。他说，待久了怕惊扰到它们，所以一般不带人进去观看。如果有人偷猎一两只，这里的鸟儿就会全部飞走，再也不在这里筑巢。他的语气中透露出那种对鸟儿“父爱”般的关怀。

精心呵护万鸟鸣

梁一元来到岛上护鸟已有十几个春秋，黑头发熬成了白头发，但他的付出有了巨大的收获，九洲江出海口的这块不毛之地已被打造成水草丰茂、花木扶疏的“鸟的天堂”，占地 140 多亩的桃花岛及周围水泽地也逐渐从候鸟南迁路上的“驿站”变成栖息地，越来越多的鸟儿到这里觅食筑巢，成为廉江市著名的候鸟保护区。

“从去年开始，这个四面环水的小岛吸引大批的夏候鸟白鹭前来栖息繁殖，今年数量尤其庞大，它们四五月飞来，集中在屋后那 30 多亩的密林里筑巢下蛋，7 月完成‘养儿育女’的工作后就纷纷飞走了，今年的鸟巢之多和密度之大只有在电视画面里见过。”在小屋前，梁一元摆上热茶，娓娓道来。

5 月中下旬开始，夏候鸟孵化出小鸟后，护鸟人梁一元就开始忙碌起来了。凌晨 5 点多鹭鸟集体离巢到江河口水泽地觅食时，他就要轻手轻脚地深入那片林地巡查，见到雏鸟掉落地上，就捡起来，爬上树仔细甄别，然后放回巢里，碰到受伤的要拿回屋里治疗喂养，像爱护自己的儿女一样，每天如此。有时还要驱赶凌空觅食的猛禽，更要防止有人偷猎，直到傍晚六七点万鸟归巢育雏时，他才能松一口气。

“你看我的手脚，上面都是横七竖八的痕迹。”他笑着卷起裤子，撸起袖子，上面全是一道道进密林巡查时被划破的血痕。

一树梨花落晚风

据梁一元观察估计，那片 30 多亩的密林集中筑有不少于 3 万个鸟巢，层层叠叠，错落有致。他说，绝大多数是水鸟白鹭，筑巢、下蛋、孵化、育雏，预计 7 月繁殖成功后就“携儿带女”飞走了，中秋节后再飞回来越冬，年复一年。

随着桃花岛及周围超万亩的水乡泽国生态环境越来越好，鸟儿近几年也越飞越多，而岛上那片密林成为它们繁衍后代最好、最安全的地带。梁一元兴奋地说，有时还见到鹰、白鹳、红毛鸡等一些珍稀鸟禽，齐齐来凑热闹，场面相当壮观、难见，之前中央电视台记者前来拍摄时，曾激动地向他连声道谢。

将近傍晚，只见九洲江水悠悠，大海与江河交汇处的红树林间，不时有白鹭翩跹起舞，有的在浅水“顾影逗轻波”。随着梁一元“咕咕”几声喊叫，林间或水面觅食的众鸟儿齐飞上天，形成了“惊飞远映碧山去，一树梨花落晚风”的壮丽景象，这也印证了护鸟人“这里鸟儿惊人地增多”的话语。

（来源：湛江日报 赖寒霜　毛雷）

第二篇

垃圾处理——人类与自己的一场战争

『美丽中国，我是行动者』2020 年生态环保主题国画大赛 二等奖

作品名称：故土乡恋 作者：匡学礼

“美丽中国，我是行动者”2020 年生态环保主题摄影大赛　人与自然和谐共生　三等奖
作品名称：我跟妈妈赶海归　作者：张维健

“美丽中国，我是行动者”2020 年生态环保主题摄影大赛　人与自然和谐共生　三等奖
作品名称：老表相见，以水相迎　作者：周宗毅

“美丽中国，我是行动者”2020 年生态环保主题摄影大赛　人与自然和谐共生　三等奖
作品名称：梦幻红杉林　作者：脱秋菊

“美丽中国，我是行动者”2020 年生态环保主题摄影大赛　人与自然和谐共生　三等奖
作品名称：桃源夜话　作者：陈广程

“美丽中国，我是行动者”2020 年生态环保主题摄影大赛　人与自然和谐共生　三等奖

作品名称：山河无恙笑春风　作者：陈希健

“美丽中国，我是行动者”2020 年生态环保主题摄影大赛　人与自然和谐共生　三等奖
作品名称：马上生辉　作者：李新旺

“美丽中国，我是行动者”2020 年生态环保主题摄影大赛　人与自然和谐共生　三等奖
作品名称：勇者　作者：靳芳

"美丽中国，我是行动者"2020年生态环保主题摄影大赛　人与自然和谐共生　三等奖
作品名称：步步高　作者：李咸生

“美丽中国，我是行动者”2020 年生态环保主题摄影大赛　人与自然和谐共生　三等奖
作品名称：杏花树下的欢快　作者：林漫

“美丽中国，我是行动者”2020 年生态环保主题摄影大赛　人与自然和谐共生　三等奖
作品名称：和谐金秋　作者：胡拥军

“美丽中国，我是行动者”2020 年生态环保主题摄影大赛　人与自然和谐共生　三等奖
作品名称：秋收　作者：张德军

“美丽中国，我是行动者”2020 年生态环保主题摄影大赛　人与自然和谐共生　三等奖
作品名称：行走在雪国的世界　作者：刘光惠

“美丽中国，我是行动者”2020 年生态环保主题摄影大赛　人与自然和谐共生　三等奖
作品名称：美丽家园　作者：许本燮

“美丽中国，我是行动者”2020 年生态环保主题摄影大赛　人与自然和谐共生　三等奖
作品名称：人间仙境　作者：余光龙

“美丽中国，我是行动者”2020 年生态环保主题摄影大赛　生态文明建设行动　三等奖
作品名称：暴雨过后　清洁母亲河　作者：臧秀德

“美丽中国，我是行动者”2020 年生态环保主题摄影大赛　生态文明建设行动　三等奖
作品名称：模拟垃圾分类　作者：郑雯红

“美丽中国，我是行动者”2020 年生态环保主题摄影大赛　生态文明建设行动　三等奖
作品名称：学习垃圾分类投放　作者：贾天勇

“美丽中国，我是行动者”2020 年生态环保主题摄影大赛　生态文明建设行动　三等奖
作品名称：地铁环卫工　作者：武普照

“美丽中国，我是行动者”2020 年生态环保主题摄影大赛　生态文明建设行动　三等奖
作品名称：碧水蓝天　作者：颜春骏

“美丽中国，我是行动者”2020 年生态环保主题摄影大赛 生态文明建设行动 三等奖
作品名称：500 农民工寒冬清淤南明河 作者：乔啟明

“美丽中国，我是行动者”2020 年生态环保主题摄影大赛　生态文明建设行动　三等奖
作品名称：海岸净滩　作者：董俊毅

“美丽中国，我是行动者”2020 年生态环保主题摄影大赛　生态文明建设行动　三等奖
作品名称：2019 深圳国际海洋清洁日掠影　作者：邹碧雄

“美丽中国，我是行动者”2020 年生态环保主题摄影大赛　生态文明建设行动　三等奖
作品名称：用脚步丈量河流　用行动保护水源　作者：杨春岚

代守扬：
拾垃圾这件小事，被这位“80 后”美女做大了

她出生于 1989 年，曾经创办了自己的企划公司，事业做得风生水起。

但是，在最好的创业年龄，她选择了关闭公司，成为一个全职环保志愿者。

这些年，她始终把自己定位为一名志愿者，而不是公益人的角色。由于她和公益密不可分，2019 年 10 月，经《内蒙古晨报》推荐，她成为阿里巴巴“天天正能量”首批 240 位“正能量合伙人”中的一员。

在此之前，阿里巴巴“天天正能量”发起的“江河卫士”活动中，她还入选了内蒙古“十大民间河长”。

她叫代守扬。她的家乡，在呼伦贝尔。

呼伦贝尔位于内蒙古自治区东北部，以境内呼伦湖和贝尔湖得名，其境内广袤无边的草原，有“风吹草低见牛羊”的美誉，是无数游客向往的旅游胜地。

“我们呼伦贝尔天空特别蓝，草原特别美，欢迎大家来做客。”在天津读大学的时候，代守扬常把这句话挂在嘴边。

见惯了这座华北城市冬日缭绕不散的雾霾，她更为家乡的美丽自豪。

2012 年大学毕业回到故乡，代守扬找了一份营销策划的工作，两年后，她成立了自己的企划公司。

然而，2016 年，她做了一个让大多数人匪夷所思的决定：关闭公司，放弃事业，成立志愿者协会，专注于环保公益。

几年之后，回首当年，她说，原因其实很简单，仅仅是因为看到了呼伦贝尔不够美的一面。呼伦贝尔草原被誉为“世界美丽的花园”。但是，每逢旅游旺季，游客总会遗留下各种各样的垃圾。2015 年春天，代守扬参加了呼伦贝尔团市委组织的一个户外交流活动，草原上成片成片的垃圾让她感到分外扎眼。她想，如果同学来到呼伦贝尔，看到这个样子的大草原，肯定特别“打脸”。

代守扬在 2015 年 6 月 5 日世界环境日那天筹划了一个活动，召集 30 多位亲朋好友到草原上捡拾垃圾。

一年之后的 6 月 27 日，代守扬注册成立了呼伦贝尔环保志愿者协会，成了一个“专门捡垃圾的人”。

代守扬最初一门心思想的就是捡垃圾，但一个偶然的机会，在草原腹地的莫日格勒河边，她萌生了守护河流的念头。

莫日格勒河是呼伦贝尔大草原上一条重要的河流，它发源于大兴安岭西麓，由东北向西南，注入呼和诺尔湖后流出，汇入海拉尔河，全长 319 千米。

那一次，草原腹地的莫日格勒河，没有带给她美丽宁静的感受，眼前的景象反而让她大为震惊：岸边布满了搁浅的死鱼。

她的第一反应是，这是河流严重污染造成的。

她将水样拿到相关部门检测，发现成群的死鱼与河水水质无关。但是，死亡的鱼群让她想到一个问题：莫日格勒河是周边牧民的生命源泉，如果不关注对河流的保护，后果将不堪设想。

类似莫日格勒河这样的河流数不胜数，著名的呼伦湖、贝尔湖也是代守扬重点关注的对象。

当游客散去，代守扬和志愿者们总会出现在这片辽阔的大草原上，观察河流周边环境、清理河边垃圾、检测河流水质、交流河流治理问题。有些车辆无法到达的区域，代守扬就徒步前去。3年来，她的坚持得到了当地相关部门的一致认可，她守护的河流也保持着以往的清澈。

2019年8月，在阿里巴巴“天天正能量”发起的2019“江河卫士——民间河长在行动”大型活动中，代守扬入选内蒙古“十大民间河长”。

经过3年的发展，呼伦贝尔环保志愿者协会的志愿者已接近千人，代守扬和她的伙伴们所做的，也从捡拾垃圾、守护河流，拓展到普及垃圾分类以及自然教育、野生动物保护……

曾有游客问她：“你们捡的只是草原上的一部分垃圾，只要有人来，就会有垃圾。你们怎么能捡得完呢？”代守扬郑重地说：“能捡起一个垃圾袋，就会有一小片的草地不被污染。我们每人捡起一小块垃圾，就会有一片草原不被污染。”

在代守扬心目中，他们所做的这些事，赚不到钱，也不是为了证书奖杯，而是游客来了以后的一句称赞：“呼伦贝尔大草原，真美！”

这种赞美就是自己的荣誉。

关闭公司做环保，代守扬的这个决定在最初并没有得到全家人的理解和支持，尤其是当她一次次自费出差或做活动的时候。

家人的不理解、不支持让她一度身心疲惫。也有一些人觉得她很奇怪，好好地放着公司不开了，不是为利必是为名。

在委屈和疲累的时候，她曾经想过放弃。

但是在更多的时候，她会想起那棵小草。

那是一株长在易拉罐裂缝中的小草。在那个被游客丢弃的易拉罐下面，因为土壤被破坏，除了这株小草，再没有其他的植物。易拉罐已经被踩扁，小草就从一个细小的裂缝中钻出来，生长着。当时，代守扬小心翼翼地将易拉罐从小草上取下来，她发现，被易拉罐卡住的那部分只有叶茎，没有叶片。

在呼伦贝尔团市委举办的那次活动中，代守扬在草原上遇见了这棵改变了她人生走向的小草。她被触动了。她想，换作是自己，在恶劣的环境下能像这棵小草一样努力生长吗?

因为这株弱小而顽强的生命，她组织了在世界环境日捡拾垃圾的活动。她想用自己的行动，让“这棵小草”免遭不幸。

代守扬是那种说话语速比较快的人，用俗话形容就是：竹筒倒豆子。说到自己的选择，她说：“我就是这性格，认定的事情，会一往无前去做，毫无保留。”说到自己的坚持，她说：“我不想让别人说‘看！她做公益没做成吧！’”

被阿里巴巴“天天正能量”公益项目选为合伙人，这一来自民间的荣誉令她十分自豪。在她看来，阿里巴巴“天天正能量”所倡导的凡人善举理念，恰好契合了她的所作所为，“有的人做的事很小，但很多人却做不来。”

（来源：阿里巴巴“天天正能量”）

王祥有：
垃圾淘金者

王祥有将包装盒上的铁钉取下，又将铁钉和包装盒分别放到不同的垃圾筐中，三个垃圾筐由黄色脐橙筐改造而成，分别装有纸品、塑料制品及金属类。

身体力行倡导垃圾分类处理，57 岁的王祥有已经坚持了 17 年。

王祥有，崇义县铅厂镇义安村一名普通的农民。18 年前，村里道路、河道垃圾成堆，不堪入目，王祥有深感痛心，时常抱怨。

“与其消极抱怨，不如主动改变。”王祥有暗下决心。从自己做起，从现在做起，2003 年王祥有与家人约法三章：不乱扔垃圾、不乱倒垃圾，并且对垃圾进行分类处理。

“当时为了尽量减少垃圾量，我把能焚烧的垃圾都焚烧，但后来发现燃烧会产生有毒有害气体，会污染空气。”刚开始探索垃圾分类的王祥有走了弯路。之后经过不断学习摸索，王祥有找到了垃圾分类的诀窍。

把可以腐烂的菜叶、果皮等垃圾倒入果园或是菜地填埋施肥；把废旧的金属、塑料、纸品等可回收利用的垃圾分捡出来，积存到一定的量后卖给废品站，这减少了王祥有家里 70% 左右的垃圾量。

这种从源头上分类处理垃圾的方法，既干净卫生，又大大减少了垃圾量，并且能够变废为宝，实现资源的再利用。但那些不能回收又不能施肥的垃圾怎么办呢?

2015年以前，由于村里没有公共垃圾桶，王祥有只能把这部分垃圾用摩托车拉到离家17千米的铅厂镇垃圾中转站去投放。

那时，摩托车车头吊着两个装着饭菜的保温桶，车尾绑着一大袋的垃圾，妻子邓小红坐在王祥有和垃圾袋之间，而王祥有每次被挤得都要坐到摩托车油箱上。

“开始我有点想不通，垃圾分类这么折腾，何必呢?”妻子邓小红埋怨道。王祥有对妻子说了一通“大道理”，妻子理解了，儿子、女儿也“有样学样”，一家人渐渐养成了垃圾分类的好习惯。

直到2011年，王祥有一家买了小汽车，才结束了这种紧贴垃圾袋的“奇葩”行程。终于在2015年村里摆放了公共垃圾桶，村民可以就近倒垃圾了。

曾有人问王祥有：“你费时费力把包装盒上的铁钉取下来，铁钉又能卖多少钱?”王祥有反问：“如果把铁钉填埋了，要让它完全腐化，对环境没有污染，又要花多少钱才能还原?”对方哑口无言。

“这么有意义的事我自己做好了还不够，还要带动更多的人参与进来。”王祥有又暗下决心。2015年，王祥有夫妇给村里每家每户手写了一份倡议书，倡导村民进行垃圾分类处理，引导村民清洁家园，倡导健康文明的生活方式。

近年来，义安村坚持生态优先、绿色发展，大力实施农村人居环境整治，唱响乡村振兴的最美旋律。这也为王祥有推广垃圾分类铺平了道路。

发倡议、上讲坛，王祥有夫妇抓住一切机会，倡导垃圾分类处理。慢慢地，在王祥有的感召下，大家纷纷效仿他的做法。

除了倡导垃圾分类处理，王祥有还有另一重身份，就是村里广场舞的总教练。每天傍晚，王祥有夫妇只要有空，就会准时出现在村里的文化小舞台，免费教村民们跳广场舞。而免费的唯一要求，就是希望村民们践行垃圾分类处理。

王祥有家庭先后被评为赣州市“最美家庭”、江西省“最美家庭”。

2018 年 12 月，王祥有入选“中国好人榜”。

在 2018 年江西省“五好家庭 最美家庭”揭晓会上，主持人问邓小红：“对于生态环保，有什么好的建议？”

“庭院不论大小，常打理就美丽；房子不论新旧，常打扫就清洁；不用的东西及时清理，房屋简洁就亮堂……”邓小红说道。

她是这么说的，也是这么做的。走进王祥有家，窗明几净，地面一尘不染，简洁素雅的摆设和装饰，让人心情舒畅。

没有高学历文凭，也没有豪言壮语，但王祥有用自己的实际行动，尽其所能为绿色生态贡献着自己的力量，也带动越来越多的人加入到环境保护的行动中来。

而今，在众人的努力下，义安的河水更加清澈，环境更加整洁，乡风更加文明。

（来源：澎湃新闻）

许楷楠：家门口开始的行动，让零废弃深入城市角落

垃圾围城，开启家门口的行动

许楷楠从未想过，自己的新事业会从家门口开始。

8 年前，辞职在家专心教育孩子的许楷楠，刚从老家探亲回来。一迈入深圳的家，就有一股强烈刺鼻的臭味扑面而来。

这是从哪儿来的？她立马动身去周围走访，很快就搞清楚了气味的来源——下坪垃圾场。还没有到跟前，就被眼前的景象彻底震惊了——占地 149 公顷的下坪垃圾场，垃圾堆积成山，一座一望无际的黑压压的“垃圾山”上覆盖防护膜层，但即使一天多次喷洒除臭剂，仍然掩盖不了日益增长的垃圾山散发出的强烈臭味，令人头晕目眩。臭味随着风向走，垃圾场附近的居民有时夜里都能被臭味熏醒。

深圳市下坪垃圾填埋场，位于深圳市罗湖区与布吉镇交界处的下坪谷地。许楷楠加入了隔壁小区业主成立的“关注下坪垃圾场”的 QQ 群，她发现群里每天怨声载道，却很少有人想要做些什么。而许楷楠生孩子前，在一家生产环保监测仪的企业工作，与环保行业长年累月打交道培养了她的环保意识，多年在小区参与和组织义工活动的经历，让她自然而然地开始思考可能的解决之道。

于是，她参加了一期以垃圾分类为主题的“深圳市民大讲堂”。就是这次讲座，让她第一次全面地了解到城市垃圾问题和垃圾分类无人关注的现状。之后，她决定要行动起来。她在自己居住的小区里招募义工，开展爱护家园清洁、关爱保洁员、资源回收等一系列与垃圾问题有关的活动，从行动中寻找解决垃圾问题的好办法。

此时，深圳正饱受垃圾围城的威胁——截至 2015 年，深圳日产生垃圾量已达到 17 500 吨，年均增长率达 6%，多座垃圾填埋场库容告急。与此同时，有关部门一直在推广垃圾分类工作，但是收效甚微，直到《深圳市生活垃圾分类和减量管理办法》（以下简称《办法》）的出台。《办法》规定，深圳居民和各单位需严格执行垃圾分类处理办法，未分类投放或者未按规定分类投放生活垃圾的，将对个人处 50 元罚款，对单位处 5 000 元罚款。很快，各个街道就开始了周六资源回收工作。

街道工作人员找到了许楷楠：“许老师，既然你一直在做义工活动，咱们社区的垃圾分类就由你牵头怎么样？” 这句话点燃了许楷楠说干就干的热情。她带着社区义工，每个月回收每个单元楼梯口的电池箱，把电池集中回收后自己送到区城管局，还和物业电工沟通把换下来的灯管收集起来，让城管局安排车收走，每周六在小区摆摊宣传，收到可回收物就找可回收公司收走。

渐入佳境，走上环保公益之路

这一干就是 3 年。许楷楠的坚持和干劲打动了深圳市福田区生态文明促进会会长，在她的邀请下，促进会开始负责垃圾分类项目的落地，一条崭新的环保公益之路就此铺开。

2016 年，许楷楠在自己孩子就读的小学开展资源回收教育活动。一开始，她到每一个班级给孩子们上环保课，配以图片和视频给孩子们讲授环保知识。孩子的习惯总是最好培养的，了解了一次性餐具的危害后，孩子们在校内外都不会使用一次性餐具，并把这样的思想传递给家长。

接着，许楷楠又在学校校长的支持下设立资源回收日，引导孩子们参与垃圾分类资源回收。每周五下午放学前，孩子们都会自发来到教学楼1楼的室内广场，把提前分类好的垃圾依次放入对应类别的垃圾桶里，高年级的学生还会帮忙整理，把纸皮压平、叠整齐，把垃圾桶里可回收的瓶子放进相应的大袋子里。

为了说服学校食堂的清洁工阿姨、厨房师傅参与每天的餐厨垃圾回收，许楷楠给他们培训垃圾分类知识，陪着他们洗碗、唠家常，一个个去说服。这样的努力换来的是干净的餐厨垃圾，许楷楠定期抽查食堂收集的餐厨垃圾，并联系政府指定的餐厨垃圾公司进行回收。

在学校进行垃圾分类回收和厨余垃圾回收的工作得到了学校老师、工作人员和家长的大力支持。做垃圾分类回收和厨余垃圾回收工作的目的是要做垃圾减量，与学生开展环保社团课、与家长进行环保互动并开展实践活动，二年级以上的学生已经养成良好的垃圾分类习惯，学生家长也加入学校的环保义工队。时间长了，分类回收的垃圾量少了，餐厨垃圾也少了。更值得一提的是，部分学生和家长不仅在家里和学校进行垃圾分类的工作，他们还利用节假日在所居住的社区帮助开展垃圾减量和分类回收的宣传与回收工作。从孩子们抓起，可以从小树立垃圾减量和分类回收的观念、培养良好的习惯；家长积极的参与，已经从个体影响到家庭、从家庭影响到社区，达到了事半功倍的效果。

深入城市，用个体影响个体

迈出小区的大门后，许楷楠的视野一下子广了起来，在一次阿拉善 SEE 生态协会发起的环保教育论坛上，许楷楠接触到了不少国内零废弃领域的专业机构。“我要特别感谢零废弃联盟的几位老师——利琼老师、毛达博士、巴索风云，虽然大家不是经常见面，但我遇到问题向他们请教时，他们总是有问必答，哪怕特别忙，没及时回复，过后总会细细解答。”许楷楠说到。

虚心求教的精神再加上业内专家的帮助和有关部门的支持，许楷楠的零废弃工作开展得越来越好。2017 年 9 月，许楷楠注册独立机构的申请获批，深圳市龙华区零废弃促进会成立，她正式走上了环保公益机构的道路。前段时间，深圳市龙华区零废弃促进会还获得阿拉善 SEE 基金会“创绿家”项目的资助，用于推动促进会更好地发展。

2017 年，龙华区零废弃促进会在龙华区人民医院的邀请下成立医院义工队，但是垃圾分类回收工作需要做许多准备，并且医院垃圾分类更加复杂，因此协会计划未来引入第三方垃圾回收公司协助开展。目前义工队先是在医院里协助捡拾垃圾，为老人、妇女、儿童、残障人士和其他患者提供帮扶、协助和指引，这种简单的工作可以调动大家参与的积极性，保证源源不断的志愿者参与进来，同时协会为志愿者培训环保健康急救知识，不断提升其环保素养。

从最简单的地方入手，是许楷楠调动身边人践行零废弃生活的法宝。每次为志愿者讲环保课时，龙华区零废弃促进会的讲师们都会让学员自带饭盒、杯子，并要求他们回家后对自己每天产生的垃圾称重，从个人生活习惯去了解垃圾是如何产生的，潜移默化中启发学员逐步减少垃圾的产生。很快他们就经常在课堂上做出一些让许楷楠眼前一亮的举动：“有的学员会自己琢磨怎么变废为宝，并且把作品带来教大家做；还有学员提出洗完手后，可以用手梳一下头，这样就不用浪费擦手的纸张了，我之前都没想到呢。”

为了把课讲好，许楷楠和团队其他同事经常去附近学校里“蹭课”，观摩其他科目老师是怎么讲课的，并学以致用。除了定期为志愿者授课，平日里他们还要申请一些环保项目，跟相关部门、企业沟通交流，协同处理垃圾分类回收工作，经常周末也无法休息，因为要到项目点小学或社区参与每周的资源回收工作。

由许楷楠创立的深圳市龙华区零废弃促进会是第八季“创绿家”

的伙伴，并获得阿拉善 SEE 基金会 20 万元资金资助。“创绿家资助计划”致力于发掘和支持有组织化意愿的初创期环保公益团队，尤其是那些对环境社会问题具有强烈的使命驱动力和专注度的团队，以促进更多优秀环保组织发展，从而推动环保公益的行业生态更加健康、多元，最终实现生态环境保护和可持续发展目标。

从 2012 年启动至 2018 年 8 月，“创绿家资助计划”共资助了 277 个初创期环保公益组织，资助总额超过 2 700 万元。这些“创绿家”分布于全国 31 个省份，活跃于生态保护、污染防治、环境教育、垃圾减量等多个环保相关领域。

（来源：创绿家网站）

肖吕应：长江上的渔民环保“护卫队”

手持网兜，立于船头，75 岁的老渔民肖吕应瞅准水面，轻轻一捞就有所收获，只不过网里不是江鱼，而是塑料瓶。

一人打捞、一人装袋、一人开船。小小的渔船上，肖吕应和他的老伙计们配合默契，所过之处，不见任何垃圾。

这是一支由渔民组成的长江清洁保护志愿服务队，队员们多是安徽省铜陵市义安区胥坝乡群心村渔民，平均年龄 60 岁，最大的已有 76 岁。

祖辈捕鱼的肖吕应十几岁就开始跟着父亲在长江上以捕鱼为生。后来因为鱼日益减少，肖吕应上了岸，开店做些小生意。近些年，看着昔日的母亲河垃圾漂浮不断，肖吕应决定重回水上，于 2019 年召集一批渔民成立了志愿服务队，守护母亲河。

“我们从小生活在江边，依靠长江生存，如今年纪大了，趁着身子骨还硬朗，也想为长江做点什么。”肖吕应说队里的老渔民们水性好、能吃苦，对长江也熟悉，做这个活儿再适合不过。

2019 年 1 月 1 日起，胥坝乡所在的铜陵淡水豚国家级自然保护区义安区长江段实施全面禁捕，开了几十年渔船的马明锁上了岸，加入肖吕应的志愿服务队中。

“在船上待了快大半辈子，如今把捕鱼开船掌舵的经验用于打捞垃圾，算是不荒废自己的这个技能，也是为了子孙后代好。”马明锁说。

每个月，这支“银发护卫队”会出征三次。早上 6 点半各自带着干粮在江边集合，开着两艘小渔船向长江下游一路驶去，捡拾垃圾、巡查江面是否有人捕鱼，来回 15 千米，差不多要到下午回来。

“现在江面上不见其他渔船，只有我们这两条打捞垃圾的渔船。船少了，江上的垃圾也少了，平时一次也就两小袋。”肖吕应说捡来的垃圾大多会送到岸上的垃圾处理站，塑料瓶则会打包卖掉。

一年多时间里，肖吕应眼瞅着这支环保队伍不断壮大。截至目前，长江清洁保护志愿服务队队员由 13 名增加到 50 多名，开展水上清洁志愿活动 300 余次，清理长江漂浮物 50 余吨。

除了水上垃圾，这支护卫队还负责村里江心洲——铁锚洲的垃圾清理和巡护工作。总面积达 3 万多亩的铁锚洲一度是村民耕种、获取收入的一大来源。去年，为了保护江豚，农业种植全面退出，铁锚洲成为“无人之境”。

“我们会不定期地到铁锚洲上清理垃圾，巡查是否还有村民在洲上种植，为江豚建立一个安全干净的生活环境。”肖吕应说。

在志愿服务队的队员看来，不管是退捕上岸打捞长江垃圾，还是退耕保护江豚，都体现了人们守卫长江的决心和努力，尽管有代价，但值得。

“我们这帮老家伙会坚持做下去，直到上不了船了，这是值得付出精力和时间去做的事。”肖吕应说。

（来源：新华社　汪海月）

肖远福：36 年驻守嘉陵江的摆渡人

在嘉陵江的大竹林码头，微风徐来，水波不兴。

“你别看现在的江面平静，”常年在江上摆渡的肖远福，指了指江面上的几个地方，“凶险起来，真是要人命！”

曾经 20 岁的帅小伙，如今已摆渡到花甲之年，既迎来送往无数的渡江客，也奋力救起不少坠江人。

1982 年，肖远福从父辈手中接过船橹，成为嘉陵江边的摆渡人。摆渡的 36 年里，他还干了一件让周边居民竖大拇指的事：长期无偿清理大竹林段江边的垃圾。“都是顺手顺路的事，再说这条水路，我走得最多，也最熟悉。”提起清理江上垃圾一事，肖远福轻描淡写地说。

渡

无悔坚守　他把渡口当成了家

摆渡的这 36 年，他除了“渡”人，就是“渡”垃圾

渡船的这 36 年，除了“渡”人，就是“渡”垃圾。

现在一天渡客七八十人，他时常能抽出空来，挑着竹篓子再拿把夹子，沿着嘉陵江的大竹林段清理垃圾。

“前些年垃圾多，现在少了。”肖远福望着干净的江面说，“清理垃圾不是体面活，没几个人愿意去做，我顺手顺路，看到就舀起来，习惯了。”

相比前些年，他现在清理垃圾的担子轻多了。

肖远福回忆道：“前些年涨水之后，上游冲下来的垃圾成片，水退的那段时间，也是清理垃圾最忙的时候。”

现在变了，不冷不热天晴时，才是他最忙的时候。

人们会趁周末到这里来烧烤，虽然现在很多人会自觉带走产生的垃圾，但总有不少漏网的竹签、方便袋、食物残渣，只有肖远福有时间来慢慢清理。

有人说不必清理，落雨涨水不就冲到下游去了吗？

“如果大家都不清理，下游岂不是要被垃圾塞满？江边垃圾不清理，天热散发的恶臭熏人，第一个熏我。”肖远福说完爽朗地笑出声，“你不管，我不管，那谁来管？”

游

每天早上 6 点半，他都会到水里扎“一猛子”，哪怕是寒冬腊月

船上常住　他练就一身好水性

肖远福生在江边，自小在江边长大，爷爷和父辈都是沿江而居。摆渡船的这些年，他就在船上住。

爷爷是川江一代的引航人，父亲也是靠船运为生。提起爷爷，肖远福引以为豪：“爷爷辈对江中地形了如指掌，对每一处暗流都清楚得很！”

江边长大的肖远福养成雷打不动的习惯：每天早上 6 点半，他都会到水里扎“一猛子”，哪怕是寒冬腊月。

“天天在船上过夜，跳进去游个泳也痛快。”他嘿嘿一笑，“小时候去江里游泳都是悄悄去，被大人晓得要挨打！后来大人晓得了，也没管我。”

长期坚持游泳，练出一副好身板，也练出了一身好水性。

救

摆渡至今，他已数不清救过多少人，但他说不会比自己岁数少

奋力救人　他说并非为了上新闻

让肖远福想不到的是，打小练出来的水性，会在日后救援坠江落水者时派上大用场。

最近一次救人，是2017年的4月。江边有一家人，带着老小坐小渔船过河。意外的是，小渔船在水中央翻覆，船上6个人全被倒进江里，只有1人会游泳。

“那次一共救了5个人。”肖远福唏嘘一叹，要是没人看到，那就是一场悲剧了。

从成为摆渡人至今，肖远福已数不清自己到底救过多少人，但他说肯定不会比自己的岁数少。

救人的事时常有，也有媒体来报道。不过，肖远福对成为“名人”没有特别在意，“自己该怎样还是怎样，我救人又不是为了上新闻。”

肖远福回忆说：“遇上溺水者，不能从正面救，不然他会像逮着救命稻草一样，把救人者往水里拖。这么多年，我救人从没有失过手。”

救的小孩多了，孩子们长大成家生子后，走在路上偶尔碰到，会领着自己的孩子到他跟前，说道：“这就是当年救爸爸的人，要不是他，就没有你哟。”

虽然只是简单的几句话，但肖远福很满足。

他说，现在有很多好心人，有的救人后悄悄离开，不少人甚至在救人时献出了自己的生命。“救人不是图财，救的是一条命。我只是比他们幸运一点！”

肖远福印象最深的是，他救起一个年纪比他还大的男子，时隔一两年后，两人在街上碰到，对方请他吃了一碗豆花饭。

守

曾经每日渡江万人，而今码头门可罗雀，他的渡船也冷清了

变或不变　他依然为渡口坚守

20 世纪 80 年代和 90 年代前期，这里的轮渡经历了最辉煌的时期。那时，肖远福所在的大竹林码头，每天的渡客排着长队，半小时就能开一次船。

而现在，码头沿岸门可罗雀，肖远福的渡船也越来越冷清。对岸一边是去双碑，另一边往北碚方向。

“这里是重庆主城最后一个摆渡口。”肖远福说，现在一天人多时有七八十个渡客，两小时开一班。

在肖远福的船上，有个三四平方米的船舱，搁着衣服和简单的厨具，除晚饭时回家一趟之外，其余时间全在船上。

肖远福告诉记者：“你莫看现在一天跑几趟装不到几个人，但在 30 多年前，这里的过河船最高日运载量达到过上万人。”

这里的摆渡从 1950 年开始运行，最初是靠人力划的木船，到 20 世纪 60 年代后期改为单机船，发展到现在的 30 客位标准客渡船。

肖远福记得很清楚，20 世纪 60 年代前过河船的票价为 1 分、2 分、5 分；到他接班后的 70 年代为 1 角、2 角；到 80 年代为 5 角、1 元；目前从双旋子到大竹林过河船票价为 2 元。

“有时候一天都没人渡船。”肖远福说，他还是要坚持下去，毕竟从渡口过去省时间，当地人离不开。“平时没事就清理一下垃圾，这些事还是需要人来干。”

（来源：重庆晨报　郭发祥）

第三篇

多维度教育
唤醒与点燃

『美丽中国，我是行动者』2020 年生态环保主题国画大赛　一等奖
作品名称：汲水图　作者：赵　栋

“美丽中国，我是行动者”2020 年生态环保主题摄影大赛　人与自然和谐共生　二等奖
作品名称：奇象　作者：戎文文

“美丽中国，我是行动者”2020 年生态环保主题摄影大赛　人与自然和谐共生　三等奖
作品名称：赛里木湖之春　作者：沈志君

“美丽中国，我是行动者”2020 年生态环保主题摄影大赛　美丽中国大好风光　三等奖
作品名称：沙坡头黄河九龙湾　作者：曾国福

“美丽中国，我是行动者”2020 年生态环保主题摄影大赛　人与自然和谐共生　三等奖
作品名称：草原的孩子　作者：张青林

“美丽中国，我是行动者”2020 年生态环保主题摄影大赛　人与自然和谐共生　三等奖
作品名称：走在乡间小路上　作者：黄洪峰

“美丽中国，我是行动者”2020 年生态环保主题摄影大赛　人与自然和谐共生　三等奖
作品名称：草原的光与影　作者：王宗超

『美丽中国，我是行动者』2020 年生态环保主题摄影大赛　人与自然和谐共生　三等奖
作品名称：人与自然　作者：叶镕炜

“美丽中国，我是行动者”2020 年生态环保主题摄影大赛　人与自然和谐共生　三等奖
作品名称：山清水秀草茵茵　作者：万承尧

“美丽中国，我是行动者”2020 年生态环保主题摄影大赛　人与自然和谐共生　三等奖
作品名称：游牧图　作者：杜尔斯别克・扎肯

11 王继承读《狼图腾》：不懂教育生态　培优再多也白搭

《狼图腾》是王继承最爱读的一本书。十几年前，他第一次读这本书，感受到的是狼的凶悍、智慧和团队精神。现在，他重温这本书，却从狼的世界中看到了生态问题、看到了教育问题。王继承认为，一个没有环境意识、没有生态意识的学校，不可能有优质的教育。如果家长不懂得教育生态，让孩子上再多培优班都没用。

对孩子"掠夺性开发"就是破坏教育生态

《狼图腾》中谈到这样一个问题：是黄羊可恶还是狼可恶？按照人们的思维惯性，肯定认为狼可恶。"可答案偏偏不是这样，"王继承解释，"如果人灭了狼，就会旺了羊，结果没了草，还会荒了地，最终殃及人类。"

教育也是一个生态场，好的教育是健康的、良性的、可持续的。在王继承看来，教育生态包括学生、家庭、学校、教师、社会等众多环节，哪个环节出了问题，对孩子的不利影响都是难以想象的。其实，家长们已经做了不少违背育人规律的事。比如明知道年满 6 周岁才能入学这个规定，但还是会想方设法把孩子提前送进学校。

王继承有一次进班听课，发现一个孩子没听老师讲课，而是在写作业。于是他问孩子："你怎么不听讲呢？作业回家再写不行吗？"这个学生说："明后天双休，家里给我报了3个班，奥数、作文，还有英语，每个班半天时间。"王继承又问："那你不是还有半天时间吗？"他说："这半天怎么过，得由家长决定。"可想而知，这样的周末结束后，这个孩子会带着满脸的疲惫开始他新一周的校园生活。

"如果家长不懂教育的生态，上再多的培优班也没用。"王继承说，正如生态环境受到破坏，大自然会惩罚人类一样，如果对孩子也进行"掠夺性开发"，后果将会比空气污染严重得多。

孩子的成长需要自由

《狼图腾》一书中有这样一段情节：主人公来到草原上，被狼深深迷住了，萌发了想要养狼崽的念头。当地人不断告诫他，狼不能圈养。可是他坚持养狼，结果心爱的小狼最后还是因为不适应死去了。

"狼就是属于草原的，尽管有吃有喝，小狼还是拼命地挣扎，想摆脱锁链，回归自然。"王继承说，孩子的教育也不能一味按照家长的意愿，要顺其自然。孩子有自己的思想，有时候家长管得越多，孩子越难长大。

有一年学校举行文艺展演，邀请家长观摩，一位父亲没看完节目就退场了。演出结束后，他给老师发短信问"凭什么让我的孩子在《龟兔赛跑》中扮演乌龟？"老师告诉他，这个角色是孩子自己的选择。谁知，孩子第二天上学后，说他父亲抱怨"我小时候是班长，现在也是部门的负责人，儿子却选择扮演乌龟，将来能有什么出息"。

听闻这件事，王继承心情很复杂——难道和同学合作，表现每个角色的精彩，不是一件好事情吗？"只要不是方向性的错误，家长最好不要过分干涉孩子的兴趣和选择，孩子的成长需要顺其自然。"

王继承记得，儿子小时候到郊外去玩，经过一片麦田时问："为什么其他的植物都枯萎了，而小麦还绿油油的？”王继承被问得愣住了，儿子仔细看了一会儿说道：“我知道了，它是这里的‘奥特曼’。”王继承没有否定儿子的结论，反而被他的童言童语逗笑了。他认为，再标准的答案都不如让孩子自由探究、自由创造。

环境教育就是素质教育

在《狼图腾》这本书里，主人公目睹了原始草原的自然风貌，也目睹了草原的毁灭和游牧文明的消亡。书的尾声，蒙古狼走了，天鹅离开了，草原成了荒地，这一切让人怆然泪下。

“我们的孩子是社会的未来，他们要懂得像保护眼睛一样保护环境，像对待生命一样对待自然，不能让草原的悲剧重演。”王继承认为，环境教育就是素质教育，涵盖了当今教育专家们提出的所有核心素养。

有一天，王继承站在学校操场边，一个孩子从身边经过，弯腰捡起地上的杂物。他认出这个孩子是学校的一位教工的孩子，名叫尚思言，她的妈妈是学校环境教育团队的成员，她自己是学生环保社团的队员。王继承非常感慨：“细节最能体现一个人的素养，而一个孩子能有这样的环境意识，与家长、老师的言传身教分不开。”

有一年 3 月，大兴路小学的学生们给武汉市市长写了一封信，向这位汉江武汉段“第一河长”汇报了他们参加“当好小河长，保护母亲河”的所见、所闻、所想。整封信不过几百字，但孩子在这项活动中展现出的观察力、思维力、分析力，以及责任心、家乡情、绿色梦等，都浓缩在信中。令孩子们开心的是，不久后他们便收到“市长伯伯”的亲笔回信，保护汉江的建议得到肯定。通过参与环保实践，学生们的能力和心智都有了进步，这正是环境教育才能提供的成长空间。

“快乐”应该放在“应试”前面

家长：我的孩子总是喜欢用手机玩游戏、听故事，请问该怎么办？

王继承：在小学阶段，学生对手机的依赖还在可控范围内。手机对小学生来说并不是必需品。有些家长喜欢用手机游戏去取悦孩子、奖励孩子，比如今天孩子考得好了，就拿出手机让孩子玩。孩子很容易以此来要挟家长。如果孩子有手机方面的不良习惯，家长首先应该自我反省。

家长：我也希望孩子快乐成长，但现在社会生活压力很大。在这样的环境下，我们家长应该怎么做？

王继承：宁肯不要分数，也不要让孩子不快乐。现在孩子学习压力很重，家长不得不走“应试”发展的道路，但是“快乐”应该放在“应试”的前面。

有一种动物叫白暨豚，曾经生活在长江之中，现在已经“功能性灭绝”了。也就是说，即使这种动物还存在，也已经无法繁衍后代了。即使经济再繁荣，白暨豚也回不来了。对孩子来说，如果只关注“应试”，可能分数能上去，但其他素质发展的黄金期也错过了。

（来源：长江日报　刘嘉　肖红　宋骥）

郭耕：
保护珍稀动物，让人类与万物和谐共生

麋鹿，又称“四不像”，它的头像马、角像鹿、颈像骆驼、尾像驴，是我国国家一级珍稀保护动物。北京麋鹿生态实验中心散养着 181 只麋鹿，麋鹿中心副主任郭耕和工作人员们的核心工作就是

▲ 郭耕摄影场地。

对麋鹿物种的保护，并在此基础上开展科研及科普工作。

郭耕介绍，麋鹿是珍稀动物，说明它们具有“珍、濒、特”的特点，也就是珍稀、濒危、特有。麋鹿是我国特有物种、世界珍稀动物，曾一度在中国消失，但是在我国政府及相关部门的努力下，麋鹿这个物种被成功拯救，这在我国拯救濒危物种的历史上，是一个成功案例。作为中国野生动物“重点引入保护”的拯救项目，麋鹿回归祖国已经走过了33年历程。

多年来，为了保护好麋鹿和其他野生动物，郭耕专注于自然保护、动物保护、生态文明内容的科普、讲座、讲解、写作、创意、组织活动等，一些媒体称他为“环保专家”“动物专家”，但很少有人知道他还是一位“科普作家”，早在2007年10月，他就获得了“有突出贡献的科普作家”荣誉称号。

他有一双留心日常生活的慧眼，他以月份为单位完成了一系列科普创作工作，例如一月的“鸡年话鸡”及“奥森观鸟”、二月的“天坛鸟类调查”和“永定河见‘大猫’（猫头鹰的昵称）”、三月的“爱屋及乌”等。此外，他的科普成果还包括约稿或修改的科普作品，譬如，为珍妮·古道尔博士的新书《大地的窗口》作序、从供给侧话科普讲座、我国最早的几家博物馆探源讲座等。从科普著作角度看，郭耕自1994年著有《世界猿猴一览》（科普出版社）以来，已有20余本动物保护著述出版。此外，作为“中科院老科学家宣讲团”“中国科普作家演讲团”“绿色北京宣讲团”成员，多年来，他四处演讲，为保护动物、传播生态文明、落实绿色行动而奔走呼吁，宣讲内容适宜各个年龄段的群体。

他用浅显易懂的文字、生动活泼的风格传播科学知识，宣扬环保理念，他的科普文章、演讲、访谈、表演等启迪了数以万计的社会公众。

“生命的每种形式都是独特的，不管它对人类的价值如何，都应受到尊重。为了使生命的每种形式得到这种尊重，人类的行为必须受到道德准则的支配。”这段话出自1982年联合国第371号决议通

▶ 与小动物亲密接触。

过的《世界自然宪章》，郭耕认为，就像人与人之间有道德规范一样，人与自然之间也需要恪守一定的道德规范。

北京麋鹿生态实验中心园区中的动物墓碑，呈多米诺骨牌状排列，每一个碑上都刻着一个物种，从已灭绝到濒临灭绝再到生存中的物种，在这个队列中，人类处于倒数第二的位置。

在公众眼中，保护珍稀动物是一个泛泛的概念，到底为什么要保护？也许我们会说，当然是因为它们的科学价值、社会价值、经济价值，其实，还有比这些更重要的，从事动物保护工作已 30 多年的郭耕，以麋鹿的保护为例，给了我们他心中的答案。

物种价值

地球上的每个物种，都代表绝无仅有的存在，都具有解决生存问题的独特方式，都是生物群落中的一个组成部分，和人类拥有同等的生存权利，其自身价值如何，本与人类无关，但是，作为善于探索的动物——人类，我们还是试图寻找一些关联。在麋鹿苑关于麋鹿历史的展览《麋鹿传奇》中，一开始就把一个奇特的现象展示于众：麋鹿的进化历程几乎与人类同步，约300万年，是什么样的时空“因缘”造就了人类这个灵长类物种和麋鹿这个有蹄类物种，几乎同时在同一块土地上繁衍生息呢？生物学家可以对这些活动的线索进行研究。

生态价值

麋鹿是典型的湿地动物，在保护生物学中，我们将其视为自然保护的旗舰物种。以麋鹿保护为核心的生物多样性保护，特别是对其赖以栖息的湿地环境的保护，是唤醒公众生态保护意识的有效途径。在我国，因大熊猫保护而建立了几十个自然保护区，与大熊猫共生的、伴生的各种山地动植物都由此被纳入了保护范围，这就是旗舰种的覆盖作用。下一步，随着国家公园在我国的发展，保护力度势必愈益加强。鉴于湿地对我们生存质量的重要性，保护麋鹿及其栖息的湿地环境、保护一个物种及其生物群落对保护生物群落得以在其中完整发展的生态系统即生命共同体，可以起到事半功倍的效果。这个系统内也包含着人类，这就是为什么保护野生动物也是保护人类自己。

文教价值

麋鹿一度从其故里灭绝，又曾作为“海外游子”飘泊异域，近一个世纪之后才回归家园；它的科学发现之地、本土灭绝之地、成功回归之地，三地合一，与一座城市——北京息息相关。全世界5 000多种哺乳动物中，有这样坎坷经历的，恐怕非麋鹿莫属。关于麋鹿的诗文不绝于古籍，仅唐诗中就不下百首，所以，我们把麋鹿视为活的自然文化遗产，应该在保护、扩散这个物种的同时“化腐朽为神奇”，不断挖掘麋鹿的文教价值，文化意象。

备择价值

备择价值是一个物种为未来的我们提供某种利益的潜能。麋鹿作为一种陆生草食性偶蹄类哺乳动物，食性广泛，适食的草类在100种以上，且具有不逊于一般驯化食草动物的饲草转化率，这样廉价而广泛的食源，使麋鹿成为发展家养动物新种类的最佳选择。每个物种，包括麋鹿，都是一个遗传性状独特的基因库，一旦在我们有能力发现它的价值之前灭绝，就会使我们的后代丧失一次选择和开发的机会。

▲ 郭耕给小动物摄影。

郭耕将世界上的物种多样性比作一本储存生命潜在价值的秘籍，他说，丧失任何一个物种就像从书中撕掉一页一样，如果不能有效保护它们，当我们正好需要这页资料来拯救自己和相关生命系统的时候，将会束手无策。

（来源：科普中国）

刘科：
环保的“稻”路：十年回望，泥土芬芳

刘科因何取了“晚稻”这个名字？

“晚稻”这个名字其实很湖南，湖南气候温暖多雨，风调雨顺之时一年可以种两季水稻，早稻稻米硬而糙，成熟期短，无论煮饭还是熬粥，口感都不佳，湖南人便将早稻多用于喂猪，后来用作工业粮。选“晚稻”作为自然名，当然是因为晚稻口味香甜，外形也好看。

中年第一次转型：从“银盐”到数码

大学时代自学摄影，那是靠摄影美学功底打天下的日子，也是刘科生涯的起点。虽然时隔多年，刘科却始终没有忘记入门时师傅教他的那句箴言：镜头，一定要用来承担社会责任。

人到中年，从“银盐”胶片转向数码，其实这个过程相当痛苦。当胶片傻瓜机在数码时代逐步沦于落寞，他们这些偏执于“银盐”的摄影师们不得不痛苦地看着“银盐”时代的落幕。

“银盐”到数码最大的变化并非只是技术上的过渡，还是摄影这门技艺从天堂掉落到民间后的勃勃生机，少数人的专业摄影变成了所有人的摄影，这让老一辈的专业摄影师少了很多的优势。

面对残酷的现实，不管是愤怒还是恐惧，都源于自己内心面对威胁时是否足够强大，能力大过威胁时便产生愤怒，能力小于威胁时便产生恐惧。还好，中年的成熟和好学战胜了恐惧，良好的审美功底让刘科很快过渡到了数码时代，从一名摄影爱好者到摄影论坛的负责人，再到摄影记者，所有的经历都痛并快乐着。

中年第二次转型：从记者到志愿者

刘科最开始用镜头去记录社会和人文，感觉只要还原真实的世界便达到了摄影师职业的终极目标。可他越了解真实的世界，便越觉得世界或将因你的记录而改变。于是从 2008 年开始，刘科便致力于通过环境影像来记录湖南的河流、山川，用美和丑来守望湘水；同时传递图片故事打动人心，发宏愿唤起人们对于故园的回忆，从而启蒙大众对环境保护的关注。

这些年，他到过长江源、黄河源、湘资沅澧四水源，还有很多很多水系的源头和尽头，他明白水从生命之始的地方便会在自己心里流淌。

那是 2010 年的春天，某个公益机构组织的“城市河流乐水行”活动邀请他去拍一些新闻照片，从此，一连串的后续故事将他的人生路径转到了一个从未接触的维度。

那天刘科带着孩子一起去走河，他第一次了解到，原来我们的社会居然也有这样一群人在做环境观察和环境保护工作。当时，组织这次活动的机构没有注册，工作人员也只有一个，在那个人人都应该有单位的时代，却有这么一个女孩子在做着一件明显力不能及的事情。刘科觉得非常诧异的同时，活动的成功又让他看到她身上散播出来的巨大能量。尤其当她告诉刘科，做完这个活动，她将赶今晚的红眼航班去重庆学习其他组织更好的河流行动方法时，刘科很震撼：到底是什么样的情怀和动力能让一个这么年轻的女孩子有着如此强烈的使命感和斗志？他能为她做些什么，才能让自己在责任的迷雾中找到与自己内心和能力和谐一致的方向呢？

活动结束当晚，他把照片传给报社，只做了简单的文字说明，也就早早睡了。第二天，他拍摄的 4 张城市内河的环境照片被刊载在了头版、头条。起初的得意自然是每个摄影师登上头版、头条的荣光，一是有荣誉，二是稿费也不低，三是能帮这个小小的组织起到一些宣传作用，没想到更大的“惊喜”在第三天等着他。

第三天早上，刘科接到当地区政府的电话，邀请他去拍摄地看看。虽然不知道发生了什么，可他还是驱车赶到现场，令人惊讶的事情发生了，在见报的当天，当地区政府高度重视，当天就组织了大卡车和人员将他拍摄的河道垃圾和污染物全部清理干净。就在那一刻，他顿悟到：影像的力量不仅仅来自真实的记录，还来自推动可以看得见的改变。影像的责任到底是什么？他更深刻地理解了师傅所说：镜头，一定要有社会责任感。

中年第三次转型：从志愿者到全职

从 2010 年 3 月 22 日那天开始，一名背着相机的民间环保志愿者诞生了，刘科的业余时间基本都在参与这家机构的志愿服务工作，他也成了这家机构第一位志愿者，他的志愿者证上也印下了那永久的“001 号”。

接触民间环保让刘科打开了另一个世界的大门，志愿者们做的事情很美，而他，能让他们做的事情更美，从开始拍摄自然的美好，到记录河流的污染，镜头开始离开惯常的社会，最终定格在这些为了保护美好去和破坏者做斗争的人身上。

2010—2013 年，他几乎放弃业余时间，也脱离了原来的摄影圈子，从繁华走向孤独，几乎把自己前半生的朋友圈全部大换血。付出总有回报，2013 年，基于行动和作品，他以央视“十大法治人物”的代表上台领奖，那一刻，他不仅仅获得了荣誉，还确定了今后摄影的方向。

获奖之后，他的角色发生了微妙的变化，他从拍摄采访者变成了被摄被访者。更多的摄影工作也接踵而至，从开始为一家民间组织拍摄到为更多的组织做影像支持，他在公益圈中获得了“稻哥”这个亲切的称呼。

更多的机会召唤着他去更远的地方拍摄。终于，为期数月的“可可西里之行”选中了他，那时候他的工作不能请假，但他更不想放弃梦想，因此他离职走向了青藏线。在生命的禁区和思想的天堂里，他经历了数月的盘桓，悟到了自己从哪里来，要到哪里去。

从青藏线回家自然是失业状态。无论于己而言，还是于家人而言，40 多岁失业简直不可原谅。但经历了高原生死的书写，那时的他已经没了恐惧，心里只有一个声音：没工作就找呗！

刘科第一封求职信就写给了他最热爱的机构，他得到的回复是：稻哥，你写了一封让我们没法拒绝的求职信。于是，中年第三次转型，他成了一名全职环保工作者。

工作就是拍照　拍照就是工作

一张关注河流的好照片，既是水本身，也有它与人的关系，它也应该有属于自己的故事。

拍摄湖南水环境影像的想法，从 2010 年开始就有了。湖南人敢为天下先，革命如此，经商如此，恐怕破害环境亦如此。湖南被誉为“鱼米之乡”“有色金属之乡”“花炮之乡”“云梦大泽之乡”，是全国最大的有色金属采选、冶炼和出口基地，同时这也是导致湖南整体水环境受到各种污染威胁的主要原因。影像不仅仅是自己内心的投射，也是环境本身的眼睛，环境不会说话，拍好环境影像，就能为它代言。

凡是有水的地方都很美，可刘科觉得有保护水环境的人在其中更美。

刘科用自己的相机和脚步记录了 6 年环境保护的影像，他希望在我国环境日益变好的日子里，继续亲身参与并完整记录环境在并所有人的努力下慢慢改善的过程。用影像直观的力量来推动大众对环境的知情权，甚至推动环境问题的长效改变。未来，希望这些记录和推动能带给我们后代民间环保运动更完整的记忆和借鉴。

第四篇

是绿水青山的卫士，更是战士

『美丽中国，我是行动者』2020 年生态环保主题国画大赛　二等奖
作品名称：赏秋图　作者：宋希国

"美丽中国，我是行动者"2020 年生态环保主题摄影大赛
生态文明建设行动　三等奖

作品名称：河长制－就是好
作　　者：张春连

“美丽中国，我是行动者”2020 年生态环保主题摄影大赛　生态文明建设行动　三等奖
作品名称：放生　作者：赵建洪

“美丽中国，我是行动者”2020 年生态环保主题摄影大赛　生态文明建设行动　二等奖
作品名称：刻不容缓　作者：魏　岚

“美丽中国，我是行动者”2020 年生态环保主题摄影大赛　生态文明建设行动　三等奖
作品名称：环保人正对河流进行采样监测　作者：吴岑岑

“美丽中国，我是行动者”2020 年生态环保主题摄影大赛　生态文明建设行动　三等奖
作品名称：靠前战“疫”　作者：郭艳彤

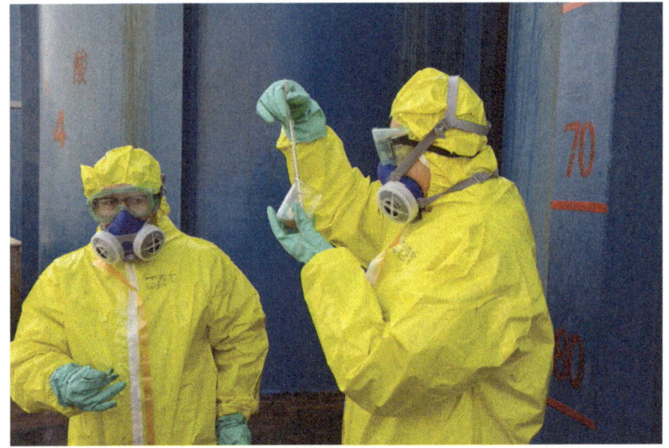

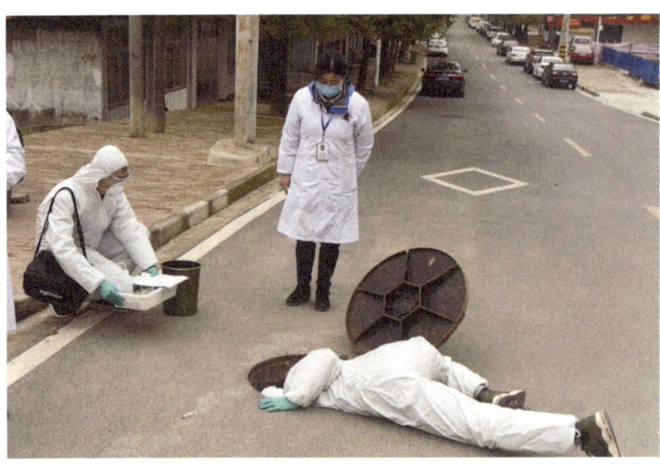

『美丽中国，我是行动者』2020 年生态环保主题摄影大赛 生态文明建设行动 三等奖

作品名称：以练为战 作者：张帅帅

“美丽中国，我是行动者”2020 年生态环保主题摄影大赛　生态文明建设行动　三等奖
作品名称：携手共建生态思南　作者：李大勇

“美丽中国，我是行动者”2020 年生态环保主题摄影大赛　生态文明建设行动　二等奖
作品名称：监测不放松　作者：蒋　宁

『美丽中国，我是行动者』2020 年生态环保主题摄影大赛 生态文明建设行动 二等奖
作品名称：疫情之下的红嘴鸥志愿者 作者：赵剑波

章志标：
“我不要钱，要命！”

有人说他是难缠的“刁民”，有人说他是顽强的“环保卫士”。章志标说：“我只是一个农民。”

当不能呼吸到新鲜空气、喝不到干净的水时，湖南省长沙县黄兴镇蓝田村的章志标等村民选择不再沉默了。

某小化工厂老板放出话来，只要章志标不带头闹事，就马上送几十万元给他。这天，章志标在日记里写下了这样一句话：“我不

▲ 绿色潇湘志愿者们。

要钱，要命！”

农民章志标：化工厂污染下的受害者

2002 年，黄兴镇的 13 家硫酸锰生产企业均位于浏阳河河边，其中有 5 家是依浏阳河而建，所有排放的污染物基本是无序且直接排放的。黄兴镇老百姓的亲身感受是喝的井水有气味，煮不了饭，泡不了茶。老百姓住在浏阳河河边，自己家里有水井，却要跑到离化工厂好几里地的地方挑水喝。章志标家门前有一座五六十亩的水库，由于旁边的山坡上就是污染大户——蓝天化工厂，没几年的功夫，这座原来鱼虾成群的水库里连一条鱼仔也没了。

在著名的歌曲《浏阳河》里有这样一句词：“浏阳河，弯过了九道湾……”而蓝天化工厂所处的位置正好就是这个“九道湾”的

▲ 章志标放生。

河边……

决策者们也不是没有看到严重的环境污染。起初，镇上要求小化工厂老板们加大对污染治理的投入和力度，企图通过有效治理将污染最小化。但是在利益驱动下，小化工厂老板们根本就不愿意投入资金来治污。2002年5月20日，“三湘环保世纪行”的记者到该厂采访，早已“侦察”到消息的老板们立刻全厂放假三天大搞厂区卫生。有看不过去的农民当着记者们的面在厂内一块空地上挖开薄薄的一层草皮和黄土，马上就出现了灰黑色的废渣。原来，这个堆了十几米厚的废渣坑就是前两天刚刚披上“绿装”的！

环保卫士章志标：带领村民扳倒13家污染化工厂

2002年初，章志标高票当选蓝田村（2004年10月改为蓝田新村）村主任，在此之前，他被乡亲们选为黄兴镇的人大代表。此时，章志标觉得自己应该为乡亲们（也是为了自己）做点什么了。几乎是在章志标当选村主任的同时，他的邻居黄立由于无法忍受污染含泪搬离了蓝田村。

黄立的房子就在蓝天化工厂的旁边，是1991年花了4万多元辛辛苦苦盖起来的。但是，自从与化工厂相邻，没几年的时间，黄家的二层水泥楼房已是一片破败。房子的瓦、墙都被硫酸腐蚀得一塌糊涂，只需用手轻轻一捏，就可将墙上的水泥弄下一大块并捏成粉尘。黄立说：“我是实在住不下去了……那几年，我每天不敢打开窗户，化工厂里飘出来的毒气一闻就恶心。”

黄立搬家深深地刺痛了章志标。他开始不断地向有关部门和上级领导反映蓝田村乃至整个黄兴镇被污染的情况。有了领头人，村民们也似乎不怕了，纷纷站在了章志标的背后，用前所未有的团结和行动支持章志标。当年曾经参加“三湘环保世纪行”采访的一位记者至今还记得他走进黄兴镇时的场景：当我们达到时，早已聚集在一起的当地村民举着各式标语牌，喊着口号，拦住记者的车队。“在我的记者生涯中，这一次采访我印象最深。”这位记者说，村民自发组织起来的队伍足足排了百米远，他们手中高举的黄纸黑字的标语牌就像一张张状纸，状告小化工厂对他们家园的破坏……

小化工厂破坏了“章志标们”的家园，“章志标们”不愿意。反之，“章志标们”的行为已经触及了小化工厂及其少数人的利益。“那段时间我每天要接到十几个恐吓电话”，甚至有人扬言要搞掉章志标。章志标说，当时他唯一的办法就是每天晚上用日记将白天发生的事情全部记下来，“如果哪一天我真的有个什么三长两短，日记也是个线索。”

2002年春节过后，随着抗争的升级，“章志标们”遇到的阻力也越来越大。这个时候，章志标才清醒地意识到他和村民们反抗的对手不仅仅是那些小化工厂老板们，他隐隐约约地感到以前付出的努力之所以看不到什么成效，其根本原因是遇到了比小化工厂老板们更强大的对手，有少数政府部门的人当时对环境保护认识模糊，认为只要经济上去了，牺牲一点环境不算什么。

这个时候，有人公开指责章志标是“刁民”“疯子”“神经病”。也就是在这个时候，章志标写好遗书，他甚至想到以死的方式来唤起世人的警醒。“我真的是这条命都不想要了！就要争个水落石出。”

蓝天化工厂不顾禁令，在停了几天后强行开工生产。愤怒的村民们在交涉未果的情况下，拉下了该厂的电闸。章志标到现场做了一些协调、劝解。然而，当日晚，他却接到镇里有人打来电话，让他和村支书一道到镇里协商事情。章志标如约去了镇政府。没有想到的是，翌日凌晨三时，章志标被拘留带走了。

章志标被拘留的理由是“涉嫌聚众，扰乱社会秩序”。几日后，他以“取保候审”的方式被放了出来。“不过，我出来时受到乡亲们的迎接，这让我将被关时的气愤抛到了脑后。”章志标至今对当时的情景记忆犹新。他说，在他回家的路上，乡亲们到很远的地方去迎接，给他戴大红花。在镇上的肖公桥地段，上百辆摩托车早早地等候在此，自发地给他开道。回到村上时，两千多名乡亲夹道鼓掌相迎，掌声足足鼓了近十分钟……当人们把他高高举起时，他流泪了。

那时章志标还不知道，就在他被关进看守所的第 16 天，时任国家环保总局副局长汪纪戎一行，受当时担任中共中央政治局委员、国务院副总理温家宝的委托，风尘仆仆地来到了黄兴镇。此前，温家宝在获悉了黄兴镇小化工厂严重污染环境的情况后亲笔批示给国家环保总局和湖南省的主要负责同志，要求尽快调查处理。

汪纪戎在实地察看了几家小化工厂后表示：按照国务院的规定，所有工业企业必须在 2000 年年底以前实现达标排放，不能达标者坚决关停并转。黄兴镇的化工企业污染这么严重，国务院领导对此极为关注，必须无条件立即关闭这些污染企业。

致富领路人章志标：经营花卉苗木和农家乐

以后的事情大家已基本清楚，虽然在关闭黄兴镇 13 家小化工厂的过程中还出现了一些“奇怪”的事情；虽然有老板找到章志标，

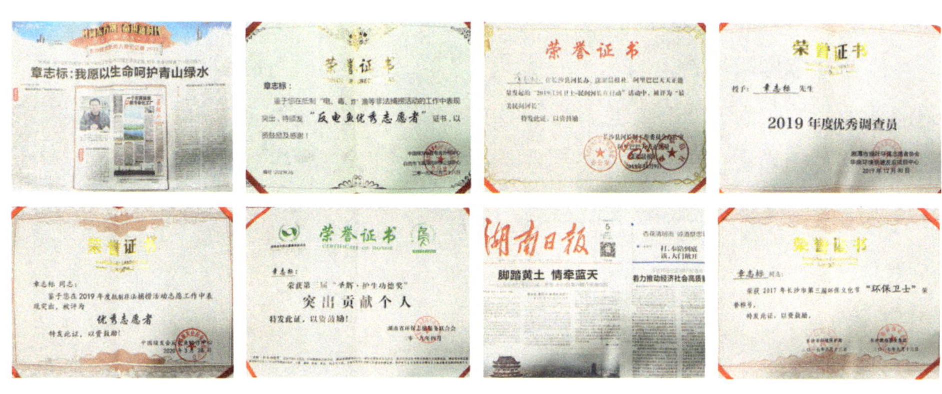

▲ 章志标诸多荣誉。

允诺只要他不再带头闹事就每年无偿给他几十万元；虽然章志标依旧接到一些莫名其妙的电话，但这一切，都不能阻挡污染源关闭的步伐！

2002年11月30日，黄兴镇13家小化工企业被全部关闭。这一年，章志标当选为长沙县人大代表，并且在第二年6月光荣地加入了他梦寐以求的中国共产党。

2005年12月，记者在黄兴镇采访。一位镇负责人介绍：如果把长沙市比作一个人，那岳麓山就是长沙的“左肺”，我们黄兴镇就是长沙的“右肺”。这位负责人一再表示：我们一定会深刻地吸取教训的，不再容许长沙的“右肺”受到半点污染……

这个比喻很形象。“章志标们”长达几年的抗争，捍卫的又何止是黄兴镇？他们不但在为自己世世代代生活的家园抗争，同时也在为减少长沙市区的污染和子孙后代的幸福抗争！这一点，在章志标站出来反抗小化工厂污染时也许并没有想到。

值得一提的是，没了小化工厂及其所带来的近2 000万元财政税收的黄兴镇并未因此一蹶不振，痛定思痛，长沙县提出把黄兴镇建设成“全国重点镇、城市东花园、生态示范区”的发展思路。今日黄兴镇的花卉苗木、无公害蔬菜两大产业红红火火，“农家乐”等旅游业也蓬勃兴起，一幅社会主义新农村的锦绣画卷展现在人们面前。

如今章志标除了经营自家“农家乐”、苗木基地外，还经常被邀请参加当地政府在环保、旅游等方面的评议和监督活动。他说，污染企业关闭后，浏阳河的水草又长起来，鸟儿也飞来了。面对现在鸟飞草茂的情景，章志标无限感慨。

彭兆幸：
“环保疯子”以梦为马的50年

“环保应该是相关部门去做的，你一个老百姓去管那么多干什么？人家也不听你的，自讨苦吃，何必呢？”“我们每个人都依赖着大地母亲而生存，江河被污染、环境被破坏、水土流失都会影响到粮食和其他作物的收成，进而影响老百姓脱贫。敬畏自然、善待自然，是万物生命共荣的天理……保护环境，人人有责，我不能坐视不管！”这是40多年前彭兆幸和妻子的对话。

彭兆幸是谁？打开生态环境部、中央文明办联合启动的“2020年百名最美生态环保志愿者”名单，广西壮族自治区宜州区龙头乡龙盘村向南屯村民，中国科学家协会会员，现年67岁的彭兆幸赫然在列。

从小立志守护生态环境

彭兆幸六七岁的时候，家庭经济困难，几乎没有吃过一顿饱饭，只能用米糠、米汤、野菜、树皮、荞麦花等充饥，饿得骨瘦如柴，严重的饥荒在他的心灵留下了深深的烙印。由于父亲是一名热爱大自然的老师，他自小就受到自然科学的熏陶和家庭教育的影响，对与环保相关的自然、地理、气象、生态、政治、经济等学科萌生了极大的兴趣，醉心钻研，如饥似渴地汲取知识的养分。童年时代的饥荒和少年时代干旱、洪涝灾害的经历，使他暗下决心一定要成为生态环境的守护者。

高中一年级时，他便开始从事环保领域与社会政治经济学的自选课题研究，至今已 50 年。1972 年 6 月 5 日，联合国首次召开人类环境会议，6 月 16 日通过了《人类环境宣言》，并确立了每年的 6 月 5 日为“世界环境日”，这个历史性事件给了彭兆幸走生态环境保护之路以无穷的动力。

这些年，他生态调研的范围遍布全国，不仅是广西境内，在陕西西安秦岭山脉原始森林、江西鄱阳湖、云南昆明滇池等地都留下了他的足迹。他走进田间地头，深入大山林莽，沿着江河记录，探访当地居民，听 90 多岁的老人讲述没有化肥农药的农耕时代故事，并结合自身的知识，写成文章配发实拍图片，向当地政府有关部门、科研机构反映，或是向报刊杂志、广播电视等新闻媒体投寄，为生态环境保护建言献策。他提出的“植被遭受破坏的山坡地实施退耕还林、还草还牧”“加强天然林保护的生态补偿措施”“恢复养猫灭鼠”“加强剧毒、高残毒农药的严格管理和淘汰使用”等建议均受到了政府的高度重视。

一个人做点好事并不难，难的是一辈子做好事。彭兆幸高中毕业后当过农民、搞过养殖、修水利修路、做过代课教师和钟表修理工，收入微薄。外出生态调研时，他常常穿着便宜的粗布迷彩服和解放鞋，一天只吃 2 顿饭，省吃俭用，只为了用更多的资金从事生态调研。据统计，这些年他累计花了近 17 万元在生态环境保护上。

爱管“闲事”的人

在别人眼里，彭兆幸是个爱管“闲事”的人。村民种植农作物时大量施用化肥，他干预，理由是土壤会板结变质；为防治虫害大量喷洒农药，他干预，理由是益虫会受牵连；使用“毒鼠强”，他

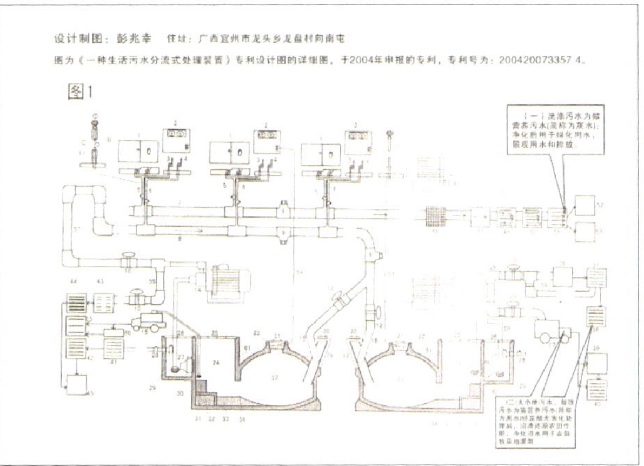

▲ 彭兆幸设计的生活污水分流式处理装置。

反对，原因是“毒鼠强”也会导致家畜、家猫等误食而死，造成农民财产损失，鼠患更重，粮食减产……这一桩桩一件件，早期根本无法得到他人的理解，彭兆幸遭受了不少白眼和误解，有笑他节衣缩食去做些没有物质回报的事的，有说他是“环保疯子”的，他笑笑回忆起高中毕业时班主任对他说的那句话：“人，总得为社会做点贡献！”

他常对村民们说，自然界里一物降一物，其本来就有自身的食物链和生态平衡，生态的问题就应该用生态的方式去解决，比如猫抓老鼠、杂草是牛羊的食物等，减少使用化肥、农药、除草剂也是保护我们生存的空间。

“但也是有很多人支持我做环保的。”彭兆幸回忆起1997年9月初的往事。他当时送子求学，为了生态考察在武汉多待了10余天，调查了当地鼠害情况和长江沿岸的水生态状况。他结合多年收集阅读的资料综合研究，将调查结果以书信的形式向当地政府和中国预防医学科学院反映，寄信时，因为照片较多信件超重，身上的钱不够支付邮费，当邮局工作人员了解了情况后，当即给他补齐了邮费寄出。当时彭兆幸感动万分，流下了感激的泪水。

“走在前面的人肯定要付出代价。”彭兆幸在制止一起毁林事件时，头部被钝器击伤，鲜血直流。保林不成，反倒危及生命，那晚，妻子泣不成声，他宽慰道：“走在前面的人肯定要付出代价，做什么事如果没有牺牲精神是做不好的。”

他已记不清有多少次长时间地深入调查，多少次苦口婆心地劝阻……1998 年 11 月的一天，彭兆幸冒着小雨，一人走进深山老林调查森林生态。傍晚时分，天气阴沉，小路湿滑，他艰难返程，突然，脚下一滑，差点摔下 20 多米深的悬崖！幸得抓住一块尖石头，捡回了一条命。

愿家园更和谐美丽

位卑不敢忘忧国，怀着强烈的社会责任感和对自然生态环境的深深热爱之情，彭兆幸成为早期环境经济资产论的积极倡导者，50 年来，纵使有这样那样的困难和危险，彭兆幸在宣传环保、保护生态的道路上一直没有退缩，他把自己一颗“疯狂环保”之心全部献给了青山绿水。

他的“生活污水分流式处理装置”实用新型发明获得国家重点专利技术，论文《恢复生态平衡刻不容缓 发展生态农业势在必行》荣获 1992 年《广西环境工作通讯》优秀稿件二等奖；《应用仿生、生态工程措施综合治理江河湖海污染》《生活污水分流式处理技术创新与科学原理》《建设美丽中国必须加强从源头治理污染——舌尖上的美味在消失与环境安全在呼唤的报告》被广泛刊登转载。

他感叹，这些年，从国家到地方，政府都非常重视环保，普通百姓的环保意识也越来越强，“绿水青山就是金山银山”的理念在中华大地生根发芽。乡村振兴的提出是党和政府协调城乡共荣发展的英明决策，重视乡村建设中农耕文化的传承和繁荣，重视农业基础和引进人才，也必然成为托举城市可持续性繁荣的根基，全域有机农业是美丽中国发展的必由之路。他作为一位环境生态文明的呼吁者，就得像当年《寂静的春天》的作者蕾切尔·卡逊一样，秉承科学的态度和可持续发展的理念，甘当全力保护生态环境的先锋和卫士。他希望越来越多的人加入到生态环保志愿者的队伍中来，携手努力，让我们的家园更加和谐美丽！

16 郑隆明：一家四代人守护出一座青山

2018 年 9 月的这天，天刚蒙蒙亮，重庆市潼南区塘坝镇封坝村在细雨中一片宁静。郑隆明走出家门，经过屋后那条走了 50 多年的山路，去往马鞍山开始今天的巡山。

▲ 巡山。

老郑拿着一把扫帚，见到山路上有落叶就清扫干净。“今天是周末，有游客从城里来。树叶扫干净后，路好走一些。”他说。

上山的路呈环形，从山脚到山顶再下山共有4千米。两个多小时后，老郑巡完山回到山脚下的家。此时，老伴已把早饭做好。他匆忙地喝了两碗稀饭，又来到设在房屋边的森林防火守卡站。

这时，游客陆续来到山中游玩。老郑不断地叮嘱游客：“把身上的打火机等火源拿出来，放在这竹篮里，下山时再来取。”

“这是为了杜绝火源进山。”他说。

52年巡山所走的路能绕地球5圈多

快到中午时，郑隆明穿上巡山的“制服”——印有护林字样的黄马甲，拿着一只小喇叭，又沿着巡山的路上山了。

与早上不同的是，中午巡山时他主要用小喇叭提醒山上森林中的游客，注意防火和安全。

像这样的巡山，在傍晚之前，老郑还要重复一遍。“这是为了检查一遍山上是否还留有火灾隐患。否则，我不放心。”他说。

52年前，郑隆明高小刚毕业就回到村里，跟着爷爷郑吉山守护这片山林。“那时是农村大集体做工分，我人小，巡一天山只能记2分，10分才算一个劳动日；那时每个劳动日值3角钱，所以，我巡一天山只有几分钱。”

每天巡山3次，一天下来要走12千米的路，一个月是360千米，一年就是4 320千米。老郑除了大雨天和生病起不了床时不巡山，已坚持在马鞍山“走”了52年。巡山所走的路有20余万千米，相当于绕地球5圈多。

“我这辈子守青山，不为挣多少钱”

马鞍山的森林以柏木、麻栎、香樟为主，集天然次生林、人工林为一体，森林面积有 1 200 多亩。

“这山上每棵树的位置，我都很熟悉。哪里少了棵树，我一眼就能看出来。”老郑一边巡山，一边讲起他与山的故事。

20 世纪 70 年代，马鞍山上的树木成了一些人眼中的“肥肉”。为了防止盗伐，郑隆明的爷爷把农村当年放鸭子用的鸭棚子搬上山“安营扎寨”。晚上，爷孙俩睡在鸭棚子里，每晚要起来查看几次，常把正要盗伐树木的人“轰”走。

“盗伐树木的人没能砍到树便放出话来，如果在街上赶场时碰到，要把我和爷爷打个半死。”他说，“为了不与这些人发生正面冲突，那时，我和爷爷几乎不到塘坝街上赶场。”

20 世纪 90 年代后，随着社会经济的发展，偷砍树木的人少了，山林长得更加茂盛。守山护林的重点也从防止盗伐树木转到防范森林火灾上来。“这责任更重，如果遇上山火，我们几代人守护的青山，就会毁于一旦。”他说。

村民颜亨禄家的承包地就在山边，前些年他家喜欢烧秸秆和草灰来做肥料。老郑多次上门宣传防火知识，讲科学道理，直到颜亨禄家再也不烧秸秆为止。

春节和清明节期间，上坟烧纸和燃放鞭炮是引发山火的源头。为堵住这一源头，老郑到森林内有坟的村民家中，一户户地做宣传工作，防止他们上坟烧纸和燃放鞭炮。

巡山时，眼光还得看远点。春节期间，老郑在马鞍山上看到距山林不远的祖狮庙出现山火，立即向森林防火指挥部报告。指挥部迅速组织人力，将山火扑灭。

守护这片山林，老郑所获的报酬并不多。刚开始没有工资，只能记工分，后来才慢慢有了点补贴。他说：“50 元一年我干了 2 年，80 元一年我干了 5 年，100 元一年我干了 10 年，200 元一年我干了 10 年，500 元一年干了 5 年。1999 年，才涨到了 3 000 元一年。”虽然老郑没有多少文化，但有力气，如果外出打工，工资收入总会多些。20 年前，他的兄妹在云南承包工程，多次要他去做工，但他

▲ 与志愿者们一起清理垃圾。

谢绝说："我这辈子就守着这青山，不为挣多少钱。"

为啥一辈子守着青山？他有点不好意思地说："小时候我看到爷爷守护山林，得了不少的奖状和喜报，那时就感到守山很光荣！"

一家四辈人守出一座青山

郑隆明来到一片大树林下，用手指着一株直径有40多厘米的大树说："我10多岁守护这山时，这树只有大拇指粗。你看，50多年后，它已长到这样粗了。"

这片1 200多亩的森林里，到处是参天大树，最大的已有两个人合抱那么粗。塘坝镇宣传委员说："这是潼南区唯一的一片树木最大、最茂盛的原始森林。"

这是郑隆明一家四代人默默无闻守护出来的青山。郑隆明的爷爷郑吉才守护了几十年，他再也爬不上山时，把守护的责任交给了郑隆明的父亲郑德川；郑德川守护了几十年，又把“接力棒”交给了郑隆明。如今，郑隆明的儿子郑林已是封坝村的党支部书记，也担起护林防火的责任，每到春节、清明节和高温酷暑期间，便同父亲一起到上山的路口守卡。

“就连在读大学的孙子假期回来，也经常与我一道巡山呢！”郑隆明言语中透着骄傲。

（来源：重庆日报）

第五篇

不同的领域
共同的绿色梦想

『美丽中国，我是行动者』2020 年生态环保主题国画大赛　三等奖

作品名称：绿水青山就是金山银山　作者：曾　民

“美丽中国，我是行动者”2020 年生态环保主题摄影大赛　美丽中国大好风光　三等奖

作品名称：奋勇争先　作者：孙华金

“美丽中国，我是行动者”2020 年生态环保主题摄影大赛　生态文明建设行动　二等奖

作品名称：奶奶分类放垃圾　作者：薛吉信

“美丽中国，我是行动者”2020 年生态环保主题摄影大赛　美丽中国大好风光　一等奖

作品名称：宝日图晨雾　作者：张青林

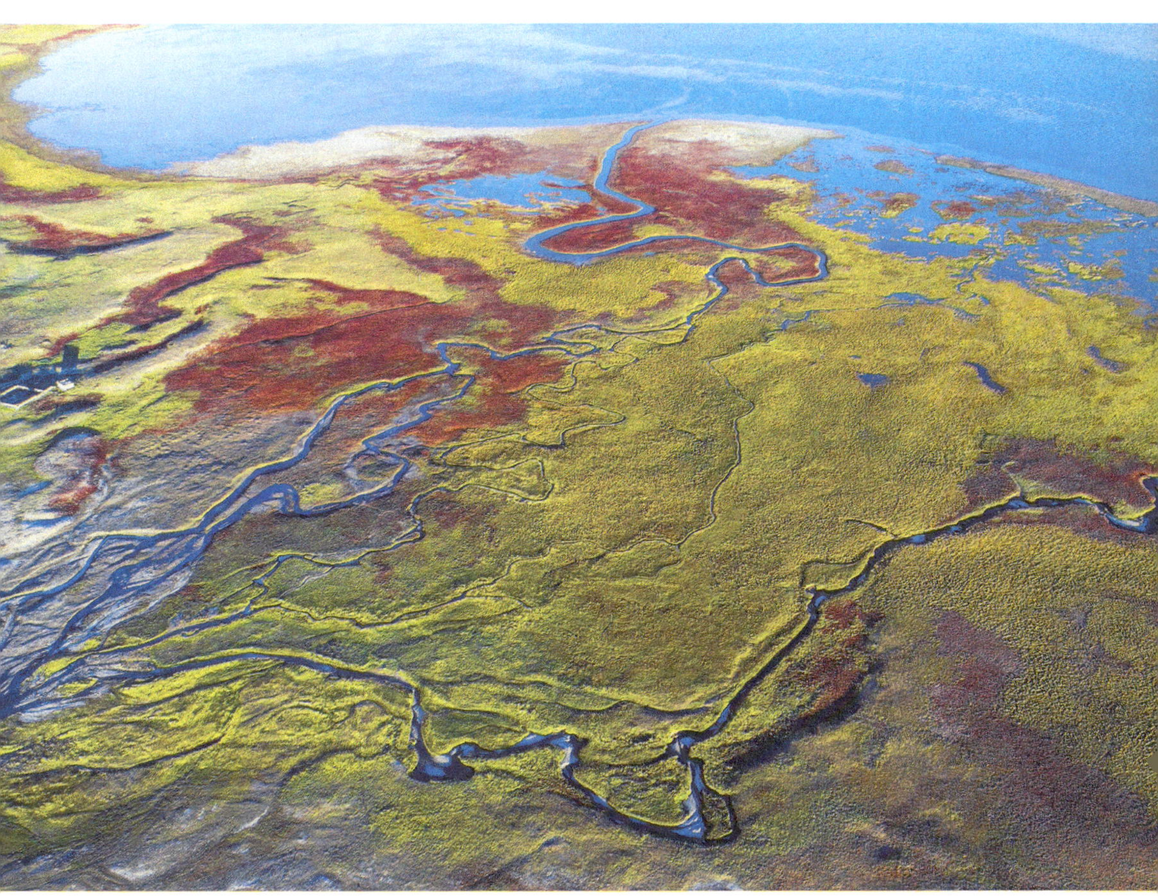

“美丽中国，我是行动者”2020 年生态环保主题摄影大赛　美丽中国大好风光　二等奖

作品名称：冬格措纳湖之秋　作者：李友崇

“美丽中国，我是行动者”2020 年生态环保主题摄影大赛　美丽中国大好风光　三等奖
作品名称：云上阿者科　作者：龙　俊

“美丽中国，我是行动者”2020 年生态环保主题摄影大赛　人与自然和谐共生　三等奖
作品名称：达古冰山　作者：荣庆军

“美丽中国，我是行动者”2020 年生态环保主题摄影大赛　美丽中国大好风光　三等奖
作品名称：别有洞天　作者：薛万银

“美丽中国，我是行动者”2020 年生态环保主题摄影大赛　生态文明建设行动　三等奖
作品名称：环境意识项目进新疆　作者：杨涛利

何润花：
用志愿情怀助力美丽阿拉善

何润花，女，44 岁，中共党员，阿拉善盟阿左旗教研中心幼教教研员，“阿拉善大润志愿者协会”创建人，2009 年开始做志愿服务，先后走访内蒙古自治区、甘肃省、西藏自治区、宁夏回族自治区等

▲ 何润花荣获“第九届‘母亲河奖’绿色卫士奖”。

地的贫困学校及家庭200余户。2011年何润花创建了“阿拉善大润志愿者协会”，带领志愿者累计志愿服务近16万小时，截至目前，累计倡导社会捐款捐物折合500万元，倡导社会植树累计50万棵，垃圾清理近3吨，帮助贫困学校41所，受益儿童3.2万余人。

一份责任，坚守治沙情

作为阿拉善人，何润花知道阿拉善的治沙迫在眉睫，2012年她发起“春天我栽一棵树”活动，参与到了阿拉善锁边生态示范基地“种树植心”项目中，并取得了很大成果。9年来，她带领广大志愿者倡导社会植树累计50万棵，治沙植树的范围分布在腾格里沙漠甘肃段、内蒙古段腹地和阿拉善戈壁。2018年她代表阿拉善以“种树植心”活动参加第四届中国青年志愿服务项目大赛，获得了金奖，同时获得2018年国家“伙伴计划”五星奖、2019年度十大优秀志愿服务项目奖，她个人荣获“第九届‘母亲河奖’绿色卫士奖”和第十二届中国青年志愿者优秀个人奖。

她致力于环境保护志愿服务工作10余年，这10余年里她先后倡导大家开展治沙、植树、垃圾清洁等活动，积极参与“保护母亲河行动”“美丽中国 · 青春行动”“地球一小时”等活动，多次在腾格里沙漠、贺兰山、内蒙古贺兰草原以及阿拉善周边城区开展环境清洁行动，清理垃圾近3吨。

一声召唤，助跑抗“疫”行

疫情暴发以来，作为协会创建人的何润花，积极响应党和国家的号召，先后倡导并带领150名志愿者投入疫情防控志愿服务工作中。在疫情防控中，她总是冲在前面，以身作则地做好疫情防控工作，受到了值守街道办、社区领导和居民的一致好评。疫情防控期间，她想到了发挥大学生志愿者的力量，号召返乡大学生投入到疫情防控中来，目前协会共计招募大学生志愿者近200名，鼓励他们发挥自己的专业优势和特点，帮助社区、单位做信息编写、数据统计分析以及值守工作。在志愿服务中，他们认真负责、踏实能干的表现获得了服务单位领导们的一致好评，同时也体现和发扬了我国新时代大学生的精神风貌。

为了丰富大家的精神文化生活，“大润微信”面向广大文学爱好者持续开放创作平台，并帮助“西部爱心公益社”“建辉基金会”宣传以“人人公益，公益人人”为主题的征文比赛。拓宽协会内部“爱润心智　志领童年”助学项目，共计发表阿拉善地区中小学学生、教师、家长文学作品300余篇。协会将文学作品赞赏费3 561.92元全部捐赠给阿拉善盟红十字会，用于疫情防控。

一腔热血，影响身边人

何润花出生在农村，是一名共产党员，又是一名幼儿教育工作者，从小的生活环境和成长经历造就了她责任担当、助人为乐的品质，这些年里何润花先后被团中央、自治区、盟、旗等多家媒体报道和表彰，她把所有因为志愿服务获得的奖金全部用于公益，作为志愿者她是纯粹的、真实的、不打折扣的！

她用优秀的品德和善举影响身边的人，身体力行地诠释了共产党员、人民教师的无私奉献和大爱无疆精神，用自己的一举一动影响更多的人参与到公益活动中来，并带动更多阿拉善人成为志愿者，去帮助弱势群体、保护环境、做对社会有利的事，为建设美丽阿拉善不懈地努力。她多次代表阿拉善左旗、阿拉善盟、内蒙古自治区志愿服务组织向相关部门、领导汇报志愿服务工作和成果，得到各级领导的好评和赞扬。她和她创建的“阿拉善大润志愿者协会”已经成为阿拉善左旗、阿拉善盟、内蒙古自治区志愿服务的领头兵。她是劳动人民中最平凡的那一个，又是最不普通的那一个。

主持人：欢迎何女士来到我们《当红生态人物》节目！您可以

▲ 与小朋友一起保护环境。

为我们介绍一下您的家乡阿拉善吗？（以前的沙漠和现在绿化的对比）

何润花：阿拉善是个以沙漠为主的地方，腾格里沙漠、巴丹吉林沙漠、乌兰布和沙漠都横穿阿拉善，也正是这样独特的地理环境形成了阿拉善独特的气候，阿拉善沙尘暴很多，以前有个顺口溜“一年一场风，从春刮到冬”形容得很贴切。几十年来，经过人们的努力，我们的环境改变了，告别了那样的日子，沙尘暴不再那么频繁和猖獗。现在阿拉善被大家称为“秘境”，沙漠里有许许多多的海子，他们就像沙漠的眼睛一样，从上望下去美极了。这里有 38 万亩的额济纳胡杨林，是全球仅存的三大胡杨林之一。阿拉善有湿地和草原生态系统，阿拉善的景色有其独特的魅力，欢迎您来参观，也欢迎大家来阿拉善感受不一样的风景、体验不一样的民俗。

主持人：很奇妙的变化！我们知道做环保工作本来就很不容

易，那您怎么想到去环境恶劣的沙漠中做植树防沙项目的呢？

何润花：因为就生活在这里，看到了环境从良好到恶化，再到现在的转良，我深有体会。我从小生活在牧区，一出家门就是沙漠，我们这一代和我们的祖辈们习惯于这样的生活，但是当有一天沙漠把公路埋了，堆在了院墙根，沙子把我们的围栏都压倒，一场沙尘暴就死去好多牲畜……这时总觉得自己应该干点啥，我参与植树环保也是从2012年开始的，当时是从阿拉善锁边生态示范基地开始的，这个地方是当地的一个老前辈开发创建的，已经30年了，那里的变化特别大，我们发起了"春天我栽一棵树"的植树活动，每年号召大家来种树。

主持人：您在沙漠植树的过程中遇到的最大的困难是什么？又是怎样克服的呢？

何润花：沙漠植树一直以来都是个有争议的话题，最大的问题就是成活率，因为阿拉善干旱缺水，沙漠里不适合种植像梭梭、花棒、沙拐枣这样的低矮灌木，南方城市生活的人看到我们的树一定会觉得是苗或者是草，筷子粗细的苗子种下后，一场风就会连根拔起。另一个就是气候，阿拉善5月下雪并不稀奇，为了赶节气，我

▲ 何润花在植树。

们4月、5月两个月的时间抢种树苗，遇到雨雪天也不例外，继续种，而且我们还愿意雪天种树，因为能缓解干旱、提高成活率。

锁边生态示范基地就是一个很科学的治沙方式，锁边就是我们缝制衣服的时候将毛边锁住，免得布料因为切口开线。这个基地也是这样的理念，大面积在沙漠植树行不通也不科学，那么就采取在沙漠中锁一条边、种一条生态地的方式来阻碍沙子的前行，用打井、节水滴水灌溉的方法促进成活率。经过30年的努力，事实证明这个方法是可取的。

主持人：为此，您还成立了“阿拉善大润志愿者协会”，至今为止协会已经做过了哪些环保项目？

何润花：环保项目是我们的主打项目，除了植树治沙，我们还有“保护母亲河”环境清洁活动、提倡低碳生活方式、节水活动、“劳有所得”劳动教育课堂等内容。

主持人：贵协会的“种树植心”环保项目曾获第四届中国青年志愿服务项目大赛金奖，那您可以为我们介绍一下什么是“种树植心”吗？

何润花：“种树植心”四个字最早是腾格里沙漠锁边生态公益基地提出的一个口号，我们协会是从2012年开始参与的，并把这四个字定位为项目名称和理念。“种一棵树、植一颗心，把治沙的信念根植在人们心里！把阿拉善一定会改变荒漠化的希望根植在人们心里！把阿拉善人世世代代都要治沙的决心、行动代代相传！”这是我们的目标。经过8年的努力，当初的荒漠现在已经绿树成荫、鸟雀成群了。腾格里沙漠锁边生态公益基地是当地的一位老前辈在20世纪80年代就开始建设的一处锁边林，现在已经30多年了，那里的改变非常大，被命名为“全国中小学环境教育社会实践基地”，被中国绿化基金会命名为“自然科普教育基地”，被当地的教体局命名为“学生课外实践教育基地”。“阿拉善大润志愿者协会”也正是从这里开始的种树植心，开始的环保治沙，我们也创建了大润公益林，提倡人与自然和谐共生的生态理念，公益林里的果子全都是无公害的，能够为协会提供可持续发展的保障。种树植心给了我们信念，也给了我们思路，还给了我们力量。

主持人：在环保方面，您不止植树防沙，还带领孩子和家长走进大润志愿者协会公益林、劳动基地，做起了自然教育、劳动教育。和我们分享一下你们的自然课堂和劳动实践课堂主要有哪些内容吧。

何润花：自然课堂也是生态环保项目的一个内容，能够带给孩子准确的自然知识，包括春种、夏耘、秋收、冬藏，还有动植物的认识、标本制作、人与自然和谐共生等，各种各样的活动，内容十分丰富。

“劳有所得”劳动体验课堂项目是协会参加中国公益慈善项目大赛的参赛项目，项目目标是“发挥以劳树德、以劳增智、以劳强体、以劳育美的育人实效”。通过劳动体验，进一步认识自然，体验人与自然和谐共生的真正含义；强化节约粮食、节约能源、珍爱生命

▲ 环保实践活动。

的意识；通过劳动创造价值，享受劳动价值所带来的成就感，增强自信心。

无论是自然课堂，还是劳动教育实践课堂，我们都提倡人与自然和谐共生，在课堂中讲授丰富的内容，带领、启发孩子们尝试与自然对话、与自然和谐共生。

主持人：让孩子和家长更加亲近自然，为您点赞！那您还有哪些环保方面的故事或经验想要分享给我们吗？

何润花：我们始终提倡人与自然和谐共生，这句话需要用心理解，用实际行动诠释，不单单是个口号，协会有105亩果园公益林，10亩农耕劳动基地，还有牧场劳动基地、手工创作劳动基地，之所以建立这么多基地，就是让孩子们能够有更多的机会和渠道去体验不一样的劳动内容，有不一样的收获。建立基地是想为协会找一条可持续发展的途径，在过程中我们却发现了它更加珍贵的资源，那就是关于人与自然如何和谐共生的实践课堂，比如，树木有虫子了怎么办？山鸡吃庄稼了怎么办？喜鹊叨果子了怎么办？庄稼地里长草了怎么办？我们组织孩子们来讨论，杀虫的同时对我们有什么伤害？果树上为什么要留几个果子给喜鹊？什么是无公害……我们带领孩子们一起在田野里为山鸡放置水瓶，带领孩子们将剩饭剩菜放在“动物小餐吧”，带领孩子们手工除草，吃自己种出来的无公害玉米和向日葵……通过一系列的活动让他们参与体会，当这些举动背后的意义经过他们自己观察、讨论领悟后，就转化成了自己的认知。所以，虽然基地一直没有经济收益，但潜在的教育和精神收益却很好。

劳动实践课上，我们鼓励孩子们通过劳动创造价值，带领孩子们走进基地，孩子们通过劳动挣钱，体会“劳动创造价值”，当孩子们拿到自己的“工资”的时候，收获的还有对劳动的认识和价值观塑造方面的正向引导。

主持人：当您得知您获得“第九届‘母亲河奖’绿色卫士奖”和“最美生态环保志愿者”时，心情是怎样的？

何润花：我受之有愧，因为阿拉善是个全民植树、治沙的地方，比我做得更多、做得更好的人有很多，我只是号召志愿者和更多的人参与到其中，我在治沙、植绿方面的工作微不足道。这个“第九届‘母亲河奖’绿色卫士奖”和“最美生态环保志愿者”不属于我个人，属于阿拉善。

“阿拉善大润志愿者协会”成立了“大润大学生志愿服务队”目前有大学生志愿者260余人，他们也在不断地发挥自己的优势和特长为志愿服务做贡献。同时我们成立了“大润巾帼志愿服务队”“大润讲师团”，每一个团队都根据自己的优势开展活动。

今后我将带领协会志愿者们做好各项志愿服务活动，尤其是生态类志愿服务，发挥志愿者优势，在青少年的思想教育、实践参与上多下功夫，因为老一辈志愿者都年近50岁了，我们要培养和吸纳更多的年轻人来做这些事。

李冰：
为了那些难求温饱的城市人

葛家棡第一次走进祁桂荣家中时，后者的丈夫已经几乎没有了行动的气力。2018年，上海浦东的这一对退休夫妻双双检查出癌症，随后又共同签署了遗体捐赠协议，吸引了一批本地媒体的关注。

当时59岁的退休工人、“绿洲公益”食物银行负责人葛家棡从电视台的画面中瞥见了熟悉的门洞，顺着镜头中拍到的门牌号，葛家棡当周便带领着自己的团队敲开了祁桂荣的家门。

在当时，“绿洲公益”已开展了5年“爱心食物包”活动，只要征得对方同意，便每月为需要食物的家庭提供价值120元的食物包。除了最基础的油米以外，还包括各家企业捐赠的其他食物，以帮助一些家庭节省开支，用于医疗等更需要的地方。

祁桂荣对于他们的到访颇感意外——虽然已经接受了政府和社区的帮助，“绿洲公益”是第一个“找上门来”的公益组织。葛家棡回忆，当时祁桂荣床榻上的丈夫虽然精神不好，但仍“很高兴”，“没有想到除了政府和社区之外，还会有其他人来帮助我们”。

除了祁桂荣，“绿洲公益”的捐助名单上还有原因各有不同、但困境十分相似的数百个家庭。

病痛、意外伤残、亲人早逝，“绿洲公益”的绝大多数受助者遭遇过迎面而来的厄运，或至今仍在旋涡中挣扎求存。食物包最早的受益人之一朱叔是一位癌症患者，确诊不久又遭遇失业，妻子也在这一系列打击下离去。依靠着食物包，朱叔当时正在上初二的儿子今年已完成学业，即将开始工作，但朱叔的健康状况却在此时骤然恶化。“眼看孩子大专要毕业工作了，心里的事要放下了，身体一下子就不好了”。

失独家庭的情况则尤为揪心，其中一户的儿子成年不久就杳无踪迹，“小孩到外国去，想挣钞票，死在外面了。哪里死的、怎么死的都不晓得，也没赔到钱，二十多岁年纪，就死在外面了”。被留下的父母如今已经白发苍苍。

“现在随着贫富差距的加大，人们对贫困也认知得越来越深刻。”“绿洲公益”创始人李冰感叹。十几年前，不少人对于生活在城市尤其是在上海，却仍需要食物接济的人感到不解，认为他们或懒或贪。“现在大家越来越理解了，他们只是真的无法拥有。”

让食物被更好地食用

作为中国唯一被世界食物银行认证的分支机构，“爱心食物包”背后的“绿洲公益”数年来践行着一个听起来非常直白的理念：让更多食物被更好地食用。

联合国粮农组织的报告显示，全球有超过三分之一的食物在上桌前就已被丢弃，造成巨大资源浪费和垃圾处理压力。而与此同时，超九分之一的人口每晚爬上床时仍旧腹中空空。

“一方面有很多食物被浪费，另一方面有很多人吃不饱饭，把本来会被浪费的食物送到原本吃不上的人手中，就是我们做的事情。”理科生出身的李冰用手在空中简单地比画了一个环。

“绿洲公益”是食物银行模式在中国大陆的本土化尝试。目前，它主要接受企业捐助，多为临近保质期限或卖相有瑕疵、难以卖出好价钱的食物。“绿洲公益”的年报中对这些收集来的食物用了“抢救”二字：截至 2018 年年底，食物银行抢救了 462 吨即将被浪费的食物，分发给了 43 万人次。

与此同时，上海每天要销毁 1 200 吨有机垃圾，其中大多数是食物。

“并不是所有过了销售日期的食物都一定要被扔掉。”李冰说。在环保主义盛行的欧洲，有不少关于食物食用与保质期限的指导，食物银行也为大众所普遍接受，但在中国，这样的尝试才刚刚起步。

在塘桥街道分发点背后的仓库中，除了粮油米面，货架上还整整齐齐地码着进口风干果脯、金枪鱼罐头以及日式零食。原则上，“绿洲公益”鼓励企业捐赠的是临近保质期食物，而临近保质期还未销售出的包装食品往往多种多样，所以食物包里的品类也颇为混杂。

截至 2020 年年初，与“绿洲公益”有长期合作关系的 200 余家捐助企业中大部分是外资企业，2018 年春节，“绿洲公益”成为世界食物银行认证分支机构之一，此后找上门来的企业变得越来越多。“刚开始时一年大约能收到 20 吨的食物，现在有 200 多吨了。”但这仍不足国际食物银行平均受赠食物体量的 1/5。

“企业害怕”

是什么阻碍了食物银行在中国的本土化？“很多捐赠者并不希望告知外界他们有这样的捐赠行为。”李冰和葛家楣都在采访中提到，“企业害怕”。

大部分普通人并不了解什么叫作临期食物，而捐赠食物的企业可能会面临公众指责。“我们接触下来的这些企业都非常害怕，很大一部分原因是他们怕出错。”

约定每月送出的价值 120 元的食物包，其实际价值往往达到 200 元上下，为了最大可能规避风险，企业通常选择的都是保质期较长，容易长期存放的品类。

也有企业提出替代方案：匿名捐赠，他们希望公益机构可以建立一个中心，把所捐赠的食物重新包装、去品牌化，不再让人知道食物来自于哪个企业。李冰理解企业的顾虑，但这对于资金人力都不充足的民间公益机构来说并不现实。

除了社区的低收入居民外，绿洲食物银行也对接一些外来务工子弟学校和自闭症儿童康复中心，为孩子们提供食品和教具。

事实上，“绿洲公益”对于企业捐赠者早有详细的审批流程，除食品安全外，操作卫生、员工健康、运输贮藏过程也都是关键指标，已能够有效控制住风险，只是企业的困境存在于另一个层面。在这方面，提高公众认知度、加大法律层面对企业捐赠行为的鼓励支持措施，或许是解决问题的希望所在。

投身于“小确幸”的人

联系企业捐赠、核对日期和品质、整理食物、发放给受助者……这些事情不大，要日复一日地做起来却并不容易。在国内“首家食物银行”的名声背后，已经很少有人意识到“绿洲公益”其实是一家环境保护机构，还是上海第一家经民政局批准并正式注册的民间环保组织。

研究生毕业以后，李冰进入一家关注动物保护的国际公益组织，专注于东北虎保护研究。此后几年，家庭原因使得李冰选择离开，又全职投身于自己创立的“绿洲公益”。

“一开始绿洲公益关注的是环保领域，这也和我之前做东北虎保护算是一脉相承。我们做过小水域的生态治理、做过田地小农场有机化、也做过低碳城市，但是做到后面就会面临一些不知道如何突破的困境。”李冰回忆，“2013 年年底，听说这样的形式在香港得到认可，我们就开始在长寿路社区做一个《惜食分享》的项目，开始收集和分发食物。后来受到邀请去美国参加了正式的培训，意识到分享食物也可以做得很专业。”

“其实我们的理念一直都是从环保出发。”李冰说，“我们不是专门的扶贫机构，只是在环保的基础上可以帮助有需要的人，这不是更好么？”

在李冰看来，食物银行帮助了很多需要帮助的人，这就够了。“每天来领一份食物可能就是他们生活中的“小确幸”，是生活里让他们每天都开开心心的一件小事。甚至在他们很困难的时候、快要走上绝路的时候，这一点点帮助可能就改变了他们的人生轨迹。”一点点日常的、持续的关爱，可能会成为不少人生活中的一个“盼头”。

“我是一个很简单的人。”李冰这样形容自己，“只要有人可以捐，有人愿意拿，这个事情就可以持续地做下去。”

直到2020年新年前，葛家楣的手机仍旧不时收到来自祁桂荣的信息。“有时候真的觉得活不下去了。”祁桂荣这样写道。葛家楣很了解，这是病情又反复了。两年前，在“绿洲公益”介入的几个月后，祁桂荣的丈夫便去世了，留下她一个人继续与癌症抗争。

“她是一个很开朗、很爱说的人。做治疗也是，自己背个包就去了。”葛家楣说。在发来那条信息一个月之后，祁桂荣也告别了人世。

疫情中的“危”与“机”

2020年，由于疫情与随之而来的经济冲击，原本并不引人注意的食物银行在全球各地都登上了媒体版面，一面是骤增的失业人群突然涌向食物银行的申领窗口，另一面则是中国香港、加拿大和美国多家食物银行因捐赠不足、供应链断裂而陷入困境，也有不少食物银行因疫情防控的原因被迫关闭。

危机之中，欧美多地出现企业主将自己的营业场地出让给食物银行进行分发和储存物资的新闻，维护食物银行，在许多国家正在成为人们维护自己坠落时最后一道“安全网”的共同努力。

食物包在年前就已发放到了受助者手中，因此疫情没有对“绿洲公益”的活动造成太大影响。在战“疫”最为焦灼的时候，也有不少企业联系李冰，希望可以向武汉和湖北其他地区捐赠食品物资。“食物成吨成吨地来。”李冰说，“但当地社区管制、物流运输不便以及后期物资紧张局面未得到缓解，‘绿洲公益’的尝试未能成功。”

2020 年 2 月初，“绿洲公益”恢复了日常的蔬菜发放，食物包的供应也恢复了正常。“事实上，疫情后期我们收到的食物和资金援助已经接近甚至超过了往年同期水准。一方面，疫情期间有一些食物库存的积压；另一方面，通过这次疫情，也许更多人意识到社会责任的重要性。”

目前，除了继续之前模式的正常运营外，“绿洲公益”还在寻求一些新的合作机会，比如将食物包派往更为贫困、更需要帮助的其他地区，与企业合作打包食物活动，以及最近正在策划与农场合作的“丑食”分享。

“分享冰箱”活动也在稳步扩展中，今年在上海预期能从 20 多个冰箱点扩展到 50 个左右，还会在广州花都区开始试点。

“也许，还要买辆车。”李冰说，他想要做一个移动的食物银行，只是仍然缺人手。“现在所有人都在满负荷运作了，人手太紧张。希望可以找到更多愿意和我们一起工作的人。”

（来源：公益时报　竹小淳）

冯祖国：
无悔选择为村民　执着追求建新村

天微微亮，冯祖国打开了村里的广播，在缓慢舒适的轻音乐里，云南省盈江县油松岭乡郭家寨二村三组的村民从梦乡中醒来，大家不约而同地开始了清扫工作，为村庄洗脸净身，美丽洁净的村庄迎来了新的一天。这是村里的习惯，而这一习惯来自冯祖国一点一滴的号召和引领。

冯祖国教书育人30年，2007年退休。他的孩子都在昆明市安了家，几次要接他到城里安度晚年，都被他拒绝了。冯祖国有一个心愿，把郭家寨二村三组这个众人眼里的“大烂地”改变成最美村庄。原来，郭家寨二村三组有一个十分不雅的名字——“大烂地”。脏、乱、差不说，每逢雨季，村内的道路烂得下不了脚，好点的衣服、鞋子都不敢穿出门，因为一会儿就脏了。

狭窄的村寨道路上随处可见牛粪垃圾，房前屋后杂草丛生，房屋陈旧、家舍凌乱，冯祖国看在眼里愁在心底。他决定以自己的行动改变村庄面貌。对于祖祖辈辈习以为常的生活习惯，要想一下子改变谈何容易。冯祖国结合国家新农村建设的方针政策把自己的构想跟村小组长说了，希望得到小组干部的支持，但他的火热激情遭到了小组干部的质疑。冯祖国没有气馁、没有放弃，不断跟小组干部反映。他决定先让自己家里变新样以带动群众参与其中。他动手平整自家入户道路，在房前屋后种植花草，收拾整理家舍，把家里打理得干净整洁、井井有条；用真心和行动感动了小组干部，也赢得了小组干部的支持。村里及时召开群众大会征求村民意见，多数群众积极支持实施村庄治理工作。对一些钉子户、反对者，冯祖国和小组干部一一进行说服动员，还针对村内居住环境较差的情况，做了一份新农村建设发展可行性报告，得到了州、县、乡相关领导的认可，争取到35万元的资金。

在冯祖国和党员、村干部的带领下，村里成立了以小组干部、党员、青年妇女为带头人的村民理事会，开始了以村庄整治为主的新农村建设。白天，他和理事会成员在村寨忙着规划道路改造方案，晚上又跑到涉及道路改造、需清除经济林木的农户家中做工作。很多群众听说长势喜人的杉木要被砍掉觉得可惜，有的提出要经济补偿。面对群众提出的合理要求，他毫不犹豫地先把自家的经济林木砍了，同时不厌其烦地做群众的思想工作。他的热情执着得到了群众的理解，他的大公无私赢得了群众的支持。所有的障碍排除后，群众积极投工投劳，清除杂草垃圾、砍倒竹棚树木、扩宽路面、平整活动场地……道路变宽了，场地变平了，房前屋后干净了，隐藏在林中的村子亮起来了，郭家寨二村三组新农村建设迈出了坚实的一步。在冯祖国的指导下，村里完善了村规民约，成立了妇女组织，积极配合他开展工作，在农闲季节妇女同胞练起了舞蹈，唱起了山歌，村里的文艺活动开展得有声有色。

为使村庄更美丽，冯祖国不顾家人的反对，拿出积攒多年的1万多元钱，搞起了花草育苗，把菜地改成了苗圃园，插上黄金叶、种上三角梅、撒下花种，方便村里的群众移栽。2008年夏天，他带领群众在路旁种下1 000多株黄金叶，在寨子中心种下了三角梅，在房前屋后种下了不同种类的花草。他怕这些花花草草被糟蹋，又找来木桩围起栅栏。他细心地呵护着种下的花草，雨天除草，晴天浇水。他把家里的事抛到了脑后，全心全意为村子里的事付出自己的心血和汗水。

2009 年，乡党委、政府投资 3 万多元，在村里的休闲地带搭建了石凳、支起了花架。如今，郭家寨二村三组彩旗飘飘，一道道绿化带、一条条水泥路入户，路边的黄金叶已经修剪成型，三角梅上了架，开出了艳丽的花朵……过去的“大烂地”变成了今日的大花园。

村民只要提起冯祖国，都说：“是他这个好党员改变了咱们的旧观念，也给咱们树立了好榜样；是他带我们建设了新村庄。”当问到他为什么要这样做时，冯祖国平静地说：“这里是我的家，我爱我的家，为大家做点事是应该的，建设新农村是一个党员应尽的责任和义务。”

2011 年，村民选举冯祖国为村民小组组长。他建设美丽新农村的干劲儿越发足了。他为每户房屋画上了彩绘条纹，墙壁上贴满了各种建设美好家园、创造幸福、改变农村面貌的标语……

“今年村内要实施‘三个一’：每户一个水壶、一套杯子、一个茶盘；每户有两个标准的花盆，栽上富贵花；每户一张标准的饭桌。”冯祖国说。在新的一年即将到来之际，冯祖国又有了新农村建设的新构想。

郭家寨村庄的变化成为周边村子学习的模范。许多村庄热情地邀请他指导村容规划。在新农村建设中，冯祖国越走越稳当，越来越充满自信。

（云南省盈江县委宣传部　供稿）

20 欧阳湘萍：愿更多的人成为“环保控”

一个北京居民在家一天的平均用水量是 110 升，一个四口之家平均每月需要用掉自来水 13.2 吨，但是，北京市房山区的欧阳湘萍家每月仅用 5 吨自来水，比一般家庭节省 60%。

她是怎么做到的呢？

“之前我们家也常用生活污水冲马桶，主要是为了节约。正好那个时候在装修，我就想，可不可以通过改水管，永久性地收集废水，用污水来冲马桶，从而做到节约水资源呢？”为了能节约用水，欧阳湘萍自行设计了一套家庭中水循环系统，改造了水管，于 2013 年底投入使用，第一个月就省水超过 30%。

当她怀着小小的成就感准备继续展开家庭环保大改造时，遭到了儿子的“反对”。“妈妈，1 吨水才多少钱，你这样大动干戈地改造，至于吗？”她就此给孩子上了一堂环保科普课：中国是一个严重缺水的国家，已经被联合国列为全球 13 个人均水资源最贫乏的国家之一。因为人口众多，人均占有水量相当于世界人均的 1/4。在我国，高达 2/3 的城市严重缺水，而北京在全国缺水城市里排名第 4，已经处于维持生存最低标准的状态了。“我们是不缺买水的钱，但是北京却极度缺水，如果水都没了，再多的钱又有什么用呢？我们节约的不是钱，是珍贵的自然资源和能源。”

为了贯彻低碳环保的理念，欧阳湘萍把各种节约小窍门融入生活中。她和家人改变了用电习惯：即时拔插头、即时关闭电源、更换节能设备等，经过近两个月的努力，家中的月耗电量成功地从200多度降到135度，节电率达到30%。

然后，她把目光投向了日常家庭生活中的一点一滴：用环保购物袋替代一次性塑料垃圾袋，用瓜果桃李制成天然酵素清洗液洗衣服、洗碗、洗澡，收集雨水种菜浇花，使用太阳能热水器……“在我们家，我们会延续每一种废品的生命：把旧衣服改成帽子，废澡盆养鱼种荷花，废轮胎做成花盆。”

欧阳湘萍还成为一名志愿者，走进社区、学校和企事业单位分享自己的环保经验。她深知，一个人的力量很小，环保需要更多人的努力。“低碳生活其实就在我们身边，由一件件随手可以做的小事组成。但关键是，要有更多的人去做，并把它当成我们每一个人的责任，也只有大家一起行动起来，才能留住碧水蓝天！”

2015年，第21届联合国气候变化大会上，欧阳湘萍家庭厨余零排放的故事被选为特色样本进行推广。

欧阳湘萍的执着深深地影响了家人。“8年的家庭低碳环保之路，在享受改造成果的同时，我们家也逐渐将节能环保的意识融入到血液当中。现在，儿子会非常自然地随手关闭水龙头和电源，也习惯性地进行垃圾分类，将果皮、果核留给我做酵素，也会和我探讨公益课程的内容，帮我校对低碳宣传册，甚至参与环保公益活动，成了我环保路上的同行者。爸爸妈妈也坚定地站在我身后，默默地和我一起践行着低碳环保的生活理念，同时，也在他们的老伙伴们之间分享传播着我们的坚持。”

最后，欧阳湘萍还分享了几个环保小窍门：

环保小窍门：

1. 用瓜果皮自制酵素代替洗洁精：3份果皮加10份水，再加1份红糖，用大矿泉水瓶密封储存3个月以上。每次洗菜用2瓶盖，洗碗时加入茶籽粉，就可以代替洗洁精、果蔬净等清洗剂。

2. 在洗衣机下方垒一个40厘米高的蓄水池，把洗衣机的排水积存起来。在洗衣机上方空间安装一个200升的水箱，并在蓄水池边装一个小型水泵，蓄水池水满后，就用水泵抽到水箱里储存，然后用软管将水箱与马桶相连，这样水箱可以随时为马桶水箱补水。

3. 安装碰触式节水龙头。抹肥皂时，只要手背轻轻一碰，就能将水流及时关闭，再一碰，水又流了出来。

其实这样的小事每个人都可以实践并坚持。愿更多的人加入环保大军，共同珍惜有限的地球水资源。

（中华全国妇女联合会供稿）

"美丽中国，我是行动者" 2020 年生态环保主题摄影大赛
美丽中国大好风光　二等奖

作品名称：塔河冬韵
作　　者：侯　琦

"美丽中国，我是行动者"2020 年生态环保主题摄影大赛
美丽中国大好风光　二等奖

作品名称：大美箭扣
作　　者：刘　丽

"美丽中国，我是行动者"2020年生态环保主题摄影大赛
美丽中国大好风光　三等奖

作品名称：天鹅泉
作者：申旭辉

“美丽中国，我是行动者”2020 年生态环保主题摄影大赛
美丽中国大好风光　三等奖

作品名称：牧羊黄河滩
作者：黄洪峰

“美丽中国，我是行动者”2020 年生态环保主题摄影大赛
美丽中国大好风光　三等奖

作品名称：雪地天鹅
作者：张海峰

“美丽中国，我是行动者”2020 年生态环保主题摄影大赛
人与自然和谐共生　二等奖

作品名称：海上飞伞
作者：卢　文

"美丽中国，我是行动者"2020年生态环保主题摄影大赛
人与自然和谐共生　三等奖

作品名称：仙雾荷塘
作　　者：招力行

"美丽中国，我是行动者"2020 年生态环保主题摄影大赛
人与自然和谐共生　三等奖

作品名称：神奇的三门海地下河天窗
作　　者：黄勇士

“美丽中国，我是行动者”2020 年生态环保主题摄影大赛
人与自然和谐共生　三等奖

作品名称：探秘
作　　者：邓文佐

"美丽中国，我是行动者"2020 年生态环保主题摄影大赛
人与自然和谐共生　三等奖

作品名称：最浪漫的事
作　　者：李　立

"美丽中国，我是行动者"2020 年生态环保主题摄影大赛
人与自然和谐共生　三等奖

作品名称：踏雪而归
作　　者：曹巨波

案例篇：

2020 年十佳公众参与案例

『美丽中国，我是行动者』2020 年生态环保主题国画大赛 三等奖
作品名称：万叶秋声 作者：周常义

[编者按]

生态环境部、中央文明办联合发布的“美丽中国，我是行动者”2020 年十佳公众参与案例，受到社会各界的广泛好评。

这十佳案例，是从省级生态环境部门和文明办推荐的近 150 个案例中，经网络投票和专家评审产生的，是生态环境公众参与项目的优秀代表。十佳案例，各有特色，每一个都很精彩。当我们把各个特色案例联系起来的时候，又可以读出一些共性，发现十佳案例所呈现的典型意义。

- 扩大朋友圈，活动精细化，进入大格局，注重获得感。十佳案例的这些共性特点，体现了生态环境部和中央文明办一向倡导的理念，也是生态环境公众参与更加成熟的重要标志。
- 有限的资金可以撬动社会智力和财力。这不是借用外力，而是动员外力；不是让朋友来帮忙，而是让朋友当作自己的事情，大家一起做。在这个朋友圈里，不仅有响应者、支持者、点赞者，更有组织者、执行者、参与者。
- 生态环境公众参与活动，早已超越了敲锣打鼓闹动静、注重数量的时代，正在走向质量提升阶段。这就意味着整个社会开始注重活动的精细化管理。精细化才能科学化，其前提是对受众和活动内容精准划分，形成规范高效和富有个性的活动模式。

- “美丽中国，我是行动者”主题实践活动要往深里走、往实里走、往心里走。实现这个目标的基础，是往高处走。无论活动规模大小，都一定要立意高、起点高，一定要进入生态文明建设和生态环境保护的大格局。大格局并不拒绝小入口，而且恰恰需要以小见大的切入口。
- 参与者不图个人回报，社会应该让参与者有获得感。获得感可以是荣誉感、成就感，也可以是充实感。更加注重参与者的获得感，与倡导责任和奉献精神相辅相成，体现了社会的价值认同，可以激发参与的内生动力。

从围墙之内的封闭场所到公众“打卡”的“城市客厅”

——“环保设施向公众开放 NGO 基金”项目

架桥织网搭平台　设施开放活起来
社会组织参与环境治理的成功探索

省　　份：社会团体

组织单位：中华环境保护基金会、中华环保联合会、美团外卖青山计划

面向领域：综合

党的十九届四中全会提出，要推进国家治理体系和治理能力现代化，坚持和完善共建共治共享的社会治理制度。中共中央办公厅、国务院办公厅印发的《关于构建现代环境治理体系的指导意见》要求，健全环境治理全民行动体系。持续推动环保社会组织积极参与生态环保实践，是创新环境治理体系的有力行动，也是提升环境治理能力的重要举措。

2019 年 6 月，在有关部门指导下，中华环境保护基金会、中华环保联合会、美团外卖青山计划共同发起的“环保设施向公众开放 NGO 基金”项目正式启动，总额为 100 万元，专项支持环保社会组织开展环保设施向公众开放活动，践行习近平生态文明思想，推动“美丽中国，我是行动者”主题活动走向深入，激发公众参与生态

环保热情，撬动社会力量推进全民行动。

项目得到了社会环保组织的踊跃参与，经评选，来自北京市、浙江省、内蒙古自治区、新疆维吾尔自治区等地的 16 个省（区、市）的 16 个社会环保组织从 66 个申报机构中脱颖而出，获得资助。通过资金资助、流量支援、方法指导，受资助的社会环保组织充分发挥自身优势，积极创新，采用现场参观与网络直播相结合、疫情期间云开放等多种形式，增强趣味性和体验感，吸引更广泛的公众参与进来。项目启动以来，16 家机构在项目资助下，在短短 4 个月内，共组织开展设施开放活动 306 次、参观人数达到 26 330 人，上到七十岁老人，下到三岁孩童，武警支队、消防支队、学校、企事业单位、环卫工人、社区居民等社会各界人士，在环保设施开放单位现场学习环保知识，体验开放活动，带动、影响超过 35 万公众，推动了地方 137 家设施单位开放，制作了大量环保宣教产品，真正做到了参与人员多、覆盖地域广、类型跨度大、活动形式新，有效推动了“美丽中国，我是行动者”主题实践活动走进公众。

基金项目搭建了生态环境部门、设施开放单位与社会环保组织和公众的良性互动关系，弥补了环境部门人手不足的劣势，畅通了交流与合作渠道；推动越来越多以前在四围高墙之内生产经营、“闲人免进”的设施单位变为向市民开放的“城市客厅”；促进社会环保组织能力的提升、经验的积累和进一步发展；增强公众生态环保意识，广泛凝聚共识，动员全社会的力量参与生态环境保护事业。

一次资助，一个起点。通过基金的资助，建立在各地的社会环保组织开展环保设施向公众开放工作的长效机制、创新机制、激励机制，更是基金设立的初衷和深意。

“环保设施向公众开放 NGO 基金”，积极践行“全社会共同建设美丽中国的全民行动观”，正在带动公众从意识向意愿转变、从了解向行动转变，为推动形成绿色低碳的生活方式和消费模式激发强大合力。

『美丽中国，我是行动者』2020 年生态环保主题国画大赛　一等奖
作品名称：溪山清韵　作者：杜喜俊

02 重庆市“山水之城　美丽之地”主题志愿服务活动

让志愿精神成为时尚和文化
生态环保志愿服务的样本

省　　份： 重庆市

组织单位： 中共重庆市委宣传部、市文明办、市农业农村委、市生态环境局、市城市管理局、市水利局、市林业局、团市委、市妇联

面向领域： 综合

长江是中华民族的母亲河，是中华民族发展的重要支撑。“共抓大保护，不搞大开发”“让中华民族母亲河永葆生机活力”是习近平总书记的殷殷嘱托，是党中央的重大决策。地处长江上游的重庆，沿着总书记指引的方向奋力前行，强化“上游意识”、勇担“上游责任”，全力筑牢长江上游重要生态屏障，加快建设山清水秀美丽之地。

按照中央决策部署和市委工作要求，立足弘扬志愿精神，发挥志愿服务功能，引导广大市民争做生态环境保护的关注者、践行者、推动者、监督者，为筑牢长江上游重要生态屏障、建设山清水秀美丽之地汇聚强大力量。2018 年 6 月，市文明委正式启动“山水之

城 美丽之地”主题志愿服务活动。活动以深入学习贯彻习近平生态文明思想为主线，以“山水之城 美丽之地”为主题，以5大志愿服务项目为支撑。

层层压实责任。出台活动方案，印发工作指南，细化活动目标，提出活动任务，明确责任主体。连续2年将活动纳入市委、市政府专项目标考核、精神文明建设年度考核，建立联席会议制度，实施“月统计、季通报”工作机制，督促市和区（县）相关部门、单位强化责任担当、推动任务落实。

建强志愿队伍。坚持“一盘棋”谋划，市级层面，市农业农村委、市生态环境局、市城市管理局、市水利局、市林业局、团市委、市妇联牵头建立7支志愿服务总队，区（县）成立相应分队，构建起“市级总队＋区（县）分队＋若干志愿服务组织”的队伍体系。突出社会化推动，基于市级相关部门人手紧张的实际，创新实施“市级总队＋专业志愿服务组织”的日常管理运行模式，并向区（县）推广，推荐33家优秀专业志愿服务组织负责人，担任市级总队、区（县）分队副秘书长，协助抓好队伍的日常管理运行工作，负责承接品牌志愿服务项目。此举不仅支持、发展了专业志愿服务组织，更让部门抓起志愿服务来“得心应手”，有效延伸了工作抓手。

精准实施项目。立足推动长江上游生产、生活、生态协调发展，精准实施5大志愿服务项目的21项活动。实施生态文明传播志愿服务项目，开展生态文明宣传引导、“文明餐桌”“衣旧情深——闲置衣物再利用”“绿色生活——我是行动者”3项活动，增强生态文明意识。实施守护青山志愿服务项目，开展植树造林、防火护林、保护动植物、山林监督、“林长”5项活动，推进山脉综合整治。实施守护绿水志愿服务项目，开展水体清洁、整洁河（库）岸线、河库监督、水质修复、志愿“河长”5项活动，守护长江母亲河。实施城市提升志愿服务项目，开展“防治污染”“净化家园”“美化环境”“历史文脉传承”4项活动，彰显厚重人文之美。实施美丽乡村志愿服务项目，开展清洁庭院、村容提升、绿色生产3项活动，助推乡村生态振兴。

强化制度保障。建立志愿者岗前培训制度，坚持上岗前必培训。建立志愿者保险保障制度，为从事水质监测、河流清漂、森林防火等专业志愿服务的志愿者购买人身意外险，免去其后顾之忧。建立志愿服务嘉许激励制度，表扬激励优秀志愿者、优秀志愿服务组织。

截至2020年3月，“市级总队＋区（县）分队＋若干志愿服务组织”的队伍体系全面建立，市级总队均实现“有工作人员、有经费保障、有重点项目、有章程制度、有培训指导”等“五个有”，建立分队1 000余支，累计招募注册志愿者21万名，开展活动3.2万余场次，志愿者服务时长近50万小时，覆盖群众超1 000万人次，形成了“守护缙云山”“黄丝蚂蚂”自然讲解员、“河小青”“百镇千村万户生态环保宣讲”“巴渝巾帼护河”、城市管理“五长”等一批有特色、聚人气的志愿服务活动品牌，成为广大市民参与山清水秀美丽之地建设的重要载体和实践平台，调动了广大市民的积极性、主动性、创造性，切实为重庆发挥“三个作用”、筑牢长江上游重要生态屏障、建设山清水秀美丽之地汇聚起强大群众力量。

志愿者不再是小众，志愿服务成为时尚，志愿精神成为文化追求，志愿工作纳入党政考核范畴。重庆的“山水之城　美丽之地”志愿服务活动，凝聚了21万名志愿者，化整为零，很了不起。参与生态环保，自觉是一种态度，志愿是一种文化。这种文化形成，离不开当地党委和政府的主导，为公众参与打开了广阔通道，为志愿服务建立了长效机制，值得点赞。

『美丽中国，我是行动者』2020 年生态环保主题国画大赛　一等奖

作品名称：写意花鸟　作者：周芳梅

03 黑龙江省创建“龙江生态小卫士”

生态小卫士　点亮绿色梦想
中小学环境教育的有效模式

省　　份： 黑龙江省

组织单位： 黑龙江省环境保护志愿者联合会

面向领域： 学校

处在生态文明新时代，为了更好落实“美丽中国，我是行动者”实践活动，黑龙江省环境保护志愿者联合会于 2018 年启动创建“龙江生态小卫士”行动。黑龙江省对生态小卫士的意义、作用、价值、认定和运行机制进行了定位和规范，使“龙江生态小卫士”正式纳入黑龙江省中小学生教育评价体系，成为学校认可、家长欢迎、学生喜爱的环保公益品牌课程。

在黑龙江省环境保护志愿者联合会的推动下，2018 年 6 月 15 日在《黑龙江省教育厅关于将“龙江生态小卫士”纳入全省中小学综合实践活动课程建议的复函》中，黑龙江省教育厅正式将“龙江生态小卫士”纳入义务教育地方课程和中小学生综合实践活动课程；把开展“龙江生态小卫士”活动在内的综合实践活动、中小学德育课程与教学相关研究成果纳入基础教育省级教学成果奖评选范围；把中小学生参与该项活动的实践记录及获得“龙江生态小卫士”称号的记录纳入学生综合素质评价指标内容体系，并作为中小学生升学的重要参考。

“龙江生态小卫士”有专门网站和微信公众号，在全方位宣介品牌价值的同时，及时发布开展的活动信息，对加入生态小卫士的中小学生，设定三个准入条件：说一句生态环保名言警句（展示思考力）、学一篇生态环保文章（展示学习力）、做一件生态环保小事（展示行动力），并把“做三件小事”视频上传至微信公众号。评委从中挑选出符合条件的学生，组织他们到黑龙江省青少年生态环境综合实践基地等开展生态体验式活动并举行“龙江生态小卫士”授勋仪式。进行集体宣誓、齐唱《生态小卫士之歌》、颁发证书和佩戴“龙江生态小卫士”勋章等系列活动。截至2019年年末，已经在基地、学校举行60多场“龙江生态小卫士”授勋活动，有3 000多名中小学生获得“龙江生态小卫士”光荣称号。

为了营造“龙江生态小卫士”的环保氛围，哈尔滨市50多所中小学和黑龙江省图书馆等开设了“龙江生态小卫士”课堂，依托自然保护区、生态园区、旅游区、工业园区、各类排污企业厂区等，分门别类建立具有生态环境保护属性的10大类30个黑龙江省青少年生态环境综合实践教育基地。组织编写了“龙江生态小卫士”综合实践课程读本。其中《小心，危险物》课件入选教育部2019年中小学综合实践活动课资源，作为全国中小学进行环境教育的标准化课件。另外，还有《揭开环境监测神秘的面纱》《黑烟是怎样变白烟的》等4个课件，获得省教育厅首届中小学综合实践活动课程资源征集暨首届研学实践课程设计大赛2个一等奖、2个三等奖。还利用公众号、新媒体直播平台进行“龙江生态小卫士”专题教育和宣传，直接影响全省上百万师生和家长。

『美丽中国，我是行动者』2020 年生态环保主题国画大赛　二等奖
作品名称：春光灿烂　作者：李懿轩

劲草嘉年华

让高山大海走进繁华都市
一个精彩纷呈的自然教育平台

省　　份： 直属单位

组织单位： 阿拉善 SEE 基金会

面向领域： 综合

劲草嘉年华由阿拉善 SEE 基金会、劲草同行项目 NGO 伙伴及导师共同发起，旨在打造高品质、互动性的中国本土生物多样性公众教育产品。希望能够在全国 300 个主要城市每年定期举办，使 1 亿中国城市居民、中小学生能够稳定接触本土生物多样性保护议题，感受中国的野生生物之美，进而参与和支持生物多样性保护。

劲草嘉年华有城市版和校园行两大主要产品。劲草嘉年华城市版，是以生态科研、保护大咖演讲，生态摄影展，自然市集，自然电影展为主要模块构成的为期 1 ~ 2 天的大型活动，在城市博物馆、公园、图书馆、商城等公共区域举行，通过丰富有趣的形式、科学翔实的内容，向公众传播中国生物多样性之美，科普生物多样性保护知识、保护行动，号召公众支持和参与中国生物多样性保护。劲草嘉年华城市版从 2016 年在广州首次落地起，已走进 25 座城市举办了 32 场活动，其中 2019 年走进 13 座城市举办 17 场活动；共有上百位一线科研及环保大咖开展演讲、20 多家环保机构提供的 300 多幅生态摄影作品累积展览近 300 天，线上线下触达公众 3 400 多万人。

劲草嘉年华校园行，由一节 40 分钟科普课堂和为期一周的生态摄影展组成。由志愿者讲师在中小学内开展，为在校学生提供中国生物多样性科普课堂，帮助孩子们了解和认识中国本土生物多样性之美、了解家乡生物多样性及环境保护法知识等，从小培养生态文明意识。劲草嘉年华校园行 2018 年开始在福建启动试点，至今已走进福建省 4 座主要城市的 182 所学校，举办活动 190 场，覆盖 20 万名在校师生。

这是一个精彩的自然教育平台，有一群扎根山野的自然工作者，还有一群热爱自然的同行者。或是一场报告，或是一次展览，带你逃离喧嚣，穿越山海，走进大千世界，认识万千生命，触摸自然之美。

『美丽中国，我是行动者』2020 年生态环保主题国画大赛　二等奖
作品名称：春暖花开　作者：吴书文

四川省环保宣传教育公益示范项目

一笔小资金　撬动大智慧　构建大格局
宣教工作机制的重大革新

省　　份： 四川省

组织单位： 四川省生态环境宣传教育中心

面向领域： 综合、学校、社区或家庭、农村、企事业单位

他们是环保社会组织，在参与全省生态文明建设方面发挥着积极作用，是政府力量的有益补充；他们是科研院所，为生态事业提供资源支持与智力支撑；他们是行业协会，在各自领域中推动绿色发展，传播绿色理念；他们是作家、是主播、是科技工作者、是教育创新者、是社区治理工作人员……他们都是四川省环保宣教公益示范项目实施者。

长期以来，人手不足、经费缺乏、方式单一、影响力有限是困扰环保宣传的共性难题。如何突破有限的人力和财力，扩大社会影响力，形成公众参与环保宣传教育的内生机制，是四川省生态环境宣传教育中面临的挑战，2017 年，该中心成功设立四川省环保宣传教育公益示范项目，通过建立广泛征集、共同策划、联合实施、小额资助等一整套规范办法和工作流程方法，实现短时间、高效率、大规模撬动环保有生力量，促进公众参与，为各地生态环境宣教部门创新开展环保宣传教育工作提供了可复制、可推广的四川模板。

以“小资金”撬动“大资源”，动员全社会开展环保宣传，成功孵化了一批在全省乃至全国具有创新性、带动性的环保宣传精品活动。

主播代言忙，环保“红出圈”。与四川省电视艺术家协会联合发起的《主播说环保》项目，动员全省21个市（州）电视台100余名知名主播“说环保、做环保、我发声、我行动”，一改人们眼中播音员端坐播报，似乎不食人间烟火的印象，让主播走出演播室“接地气”地播报，聚焦生活小事，共为环保发声。总宣短视频在腾讯上线后，日点击量达到100万人次，获得了腾讯视频首页多次推荐，在四川电视台和21个市（州）电视台黄金时段免费播放，腾讯、优酷、爱奇艺、微信、微博等10多家知名一流网络平台连续播放，观看量超5 000万人次，获得2019环境保护宣传教育“品质之星”一等奖，总宣片更是获得了第二届全国电视公益节目“好宣传片奖”，真正做到了内容有观点、拍摄有创意、传播有流量。

科技新载体，环保“炫出圈”。化身为一滴水、一团灰、一块土，身临其境感受环境污染问题……连续三年实施的“一起绘环保”项目，运用VR|AR视觉虚拟技术进行互动式、参与式、沉浸式环保科普和环境教育，趣味十足。同时邀请学生参与创作《小水滴》《小灰团》《小土块》系列环保绘本，正式在淘宝新华文轩店铺上架售卖，各类衍生产品应运而生，在50所学校开展主题活动70多场，深度参与的学生达到近万人，培养百名环境教育骨干教师，传播环境教育新理念，探寻环境教育新模式，为环境教育再添亮点。

游戏化教学，环保“玩出圈”。“每个经济体都会产生碳排放，但环境承载力有限，玩家们要在总量一定的条件下，实现经济效益最大化”，这款针对儿童和青少年群体用不插电的游戏化方式设计的桌游“低碳星球”开发者之一许哲诚，目前是四川大学地质灾害学院讲师，也是天马行空、敢想敢做的“90 后”。“低碳星球”运用游戏方式探寻经济发展与环境保护的协调统一，以奖励带动合作与竞争，通过两年的开发设计，已形成一整套完整的环境教育中小学系列课程，共计 34 学时，以国家重点中学盐道街中学、成都市双语实验学校为试点开展教学并进行了课程评估，取得了良好效果。“低碳星球”环境教育类桌面游戏正在进行优化升级，于 2020 年 6 月面向市场开放。

壮大志愿军，环保“连成圈”。联合泸州市环境保护产业协会 130 多家环境保护产业会员单位，依托环保产业协会大平台、教育基地为社会组织搭建平台，孵化培育社会组织，招募“绿芽”志愿者共计 300 人，培养了一批有责任、有担当的环境保护人才，形成了一支致力环保的“绿芽先锋队”，为四川省其他市（州）环保部门与公益组织依托环境教育基地，开展环保宣传教育活动提供了成功模式；联合成都大熊猫基地，开展“绿色志愿服务体验营”，组织美国丹佛大学的研究生加入志愿团队工作，举办志愿者团队活动及志愿者参与的各类科普活动 30 余次，面向中外游客宣传四川环保。联合聚力青年社会组织成立由电子科技大学、西南民族大学、西南石油大学、四川师范大学、四川农业大学等 10 所高校组成的青年环保志愿服务队，积极开展“绿色公益行”“青年植树造林”“地球一小时”等生态环保活动，引导和带动广大青少年参与生态文明建设。

文艺新语言，环保也走心。联合四川乃至全国知名社群——“在成都遥望雪山”群，以“蜀望雪峰，浩瀚星空”为主题组织公益环保分享会，邀请来自世界 500 强企业的工程师、网络名人、团中央点赞的美国“90 后”等参与分享，从看雪山、望星空、观察四川本土生物等多种公众视角展示四川近年来生态环境质量，公众切身感受到由环境质量变好带来的“幸福感”和“获得感”；以四川主要流域为背景，设计开发水环境保护知识科普儿童剧《欢宝奇遇记之水底危机》，融合歌曲、舞蹈，辅以灯光、舞美，将舞台变成梦幻的水底世界，让每个家庭在四川环保代言人欢宝和小耳朵的带领下，体验人与自然的互生关系。全省共巡演49场，近6 000人观看演出。

而这仅仅只是45个环保公益示范项目的代表。通过三年的探索实施，从最初的“摸着石头过河”到参与的组织机构越来越多，覆盖面越来越广，完成大量优秀的项目，培育了环保有生力量，全省环保社会宣传呈现出百花齐放、欣欣向荣的局面。

团结扩大环保“朋友圈”，形成生态环保宣传部门开展社会宣传的可持续发展模式。

项目注重顶层设计，制定了立项、评审、实施、质量控制、宣传推广、成果验收、财务监督等各个环节的规范流程，已形成成熟的项目全过程管理机制，推动实现生态环境宣教领域政府部门、社会组织、公众三方的供需交互、信息对称、优势互补。生态环境部门的角色也由项目的具体实施者转变为环境宣传的引领者、孵化者，更好发挥其核心作用。通过深入合作，建立常态沟通机制，紧密团结了一批环保宣教社会中坚力量，使各领域社会人士全面、深入了解环保工作，进而带动更多人支持、参与环保，凝心聚力，在关键时刻同频共振，为环保发声，共同弘扬绿色正能量。

环保宣传教育公益示范项目点燃了更多社会力量投身于环保事业的热情，取得了亮眼成果——三年联合30余家机构开展45个各有特色的项目。为乡村留守儿童编制《环境与健康》手册，赠阅上万册；编制的彝汉双语环保读本在少数民族地区学校广泛使用；高校科研融入体验式环保教育的项目获省科技比赛三等奖，项目成果发表核心期刊论文，拟申请发明专利；环保歌曲、戏剧、公益片等各类环保文化艺术作品，网络点击量超千万人次；深入家庭、社区、学校、企事业单位开展环保宣讲、民间河长、童心共建等各类项目，受益近百万人次；中国环境报、四川观察、四川电视台、封面新闻等各类媒体大力宣传，尤其通过新媒体广泛传播，单一项目“微博话题”阅读量达到1 500万……

得益于项目，环保部门正从“做好全社会的宣传教育”逐步向“发动全社会做好宣传教育”营造氛围转变，四川省环保宣传教育公益示范项目的绿色招牌逐渐擦亮，越来越多的创新项目开始融入环保，越来越多的社会组织开始加入环保宣传、越来越多的公众开始参与环保、越来越多的环保品牌活动日益壮大，四川省环保宣传教育公益示范项目正发挥着“吸铁石”的作用，为生态环境保护宣传工作凝聚优势力量。

理念一变，境界全开。四川省环保宣教公益示范项目，为新时代生态环境宣教工作打开了一扇门，聚起了一团火，散出了满天星。这是一套孵化机制，用启动资金撬动社会智力，当智力转化为产品，宣教就不再是被动投入，而是产出和收益。从这个角度上来看，与其说是宣教机制的创新，不如说是宣教理念的革命。

『美丽中国，我是行动者』2020年生态环保主题国画大赛　三等奖
作品名称：春意盎然　作者：崔　忠

北京市生态环境文化周

七年坚持　百余项主题活动
一场生态环境宣教的年度盛宴

省　　份：北京市
组织单位：北京市生态环境局
面向领域：综合

北京市生态环境文化周自2014年举办以来，每年在六五环境日期间进行为期一周的各类生态环保主题活动，至今已连续举办了六届。文化周通过“一个主题、两个注重、三个贴近”积极开展生态环境宣传实践活动，宣传生态环境知识，倡导绿色生活方式，不断充实活动内容，丰富活动形式，取得了良好的社会效果。

一个主题

北京市生态环境文化周紧紧围绕“美丽中国，我是行动者”活动主题，坚持以宣传绿色生活方式、倡导知行合一为主题。据此，北京生态环境文化周2018年以“绿色生活　为美丽北京加油”为主题、2019年以“身体力行 为美丽北京加油”为主题、2020年以“众志成城 为美丽北京加油”为主题，分阶段面向北京市民发出倡议、动员行动和总结表彰。近年来，通过丰富多样的线上线下活动，例如，发布“嗨！北京——绿色生活每一天”绿色生活倡议，发布“公民生态环境行为规范”沙画秀、举办“美丽中国，我是行动者”短视频挑战赛等，向市民展示践行绿色生活日常可以做的点滴小事，通过形象具体、便于践行的行动指南，引导市民践行绿色生活，做建设美丽中国的行动者。

两个注重

注重围绕生态环境中心工作。北京市生态环境文化周围绕“京津冀协同发展”“打赢蓝天保卫战”等重点工作，有针对性地设置活动内容，积极为各项工作宣传推广。如与北京冬奥组委合作开展“绿色家园、绿色冬奥”全民行动微活动，线上线下发布绿色迎冬奥倡议，号召广大市民行动起来，积极践行绿色发展理念，为绿色冬奥添彩；推出“追本溯源——北京市$PM_{2.5}$来源解析有奖问答”线上活动，设计制作“你不知道的大气污染防治”H5互动页面；组织“绿色北京、绿色行动”宣讲团走进雄安新区和北京冬奥雪上项目主赛场张家口，开展生态环保宣讲，传播生态文明理念；邀请北京市生态环境局大气处、投诉举报中心的同志面向公众开展大气污染防治和投诉举报的政策解读，为蓝天保卫战各项措施的有效落实宣传推广。

注重不断提升社会宣传效果。为最大程度地放大活动的宣传效果，自首届文化周活动开始，北京市生态环境局积极利用报纸、广播、电视、网站、微博、微信、短视频社交软件等传统媒体和新媒体平台，做到全媒体联动宣传，力求每一条信息、每一个主题，同步开展多角度、多形式的联动宣传报道。在各类媒介的相互作用下，文化周信息实现多渠道立体传播，大大提升了社会影响力。

三个贴近

贴近实际。针对不同的受众群体和行业特点，开展有针对性的各类主题活动。面向企业，与北京市环保产业协会合作走进企业开展 VOCs 污染防治宣讲；面向社区居民，开展环保宣讲进社区，普及环保科学知识，倡导绿色生活理念；面向摄影和动漫爱好者，举办环保摄影比赛和动漫设计大赛；面向大学生，举办全国高校环保社团成果展示交流活动；与高校合作开展“我是投瓶侠”高校联合挑战赛；面向中小学生的环保演讲比赛；面向小学生及幼儿群体的北京环保儿童艺术节等。

贴近生活。围绕绿色生活主题，发布绿色生活倡议书、宣传“公民生态环境行为规范”、开展绿色宣讲、举办环保主题比赛；与北京交通台“一路畅通”栏目合作创新开展绿色驾驶活动，推出“后备箱减负运动”互动活动，引导广大车主节能减排、绿色驾驶；与绿色啄木鸟环保公益组织合作开展大气污染防治宣传监督队进社区宣讲活动。通过具体的行为指南和活动熏陶，引导公众在生活细节中、细微处践行绿色生活，成为建设美丽中国的行动者。

贴近群众。用群众喜闻乐见的形式开展线上及线下活动，增加活动的趣味性和吸引力，影响带动更多公众参与其中。如制作文化周主题曲 MV《天地人和》并开展“全民共唱”有奖活动；发布“筑梦蓝天、我是行动者”系列微视频等；组织公众参观环保设施、生态环境教育基地以及城市污水垃圾处理设施等向公众开放单位。通过形式多样的主题活动，极大提升了活动的宣传效益，凝聚了社会共识。

“北京市生态环境文化周”已经成为北京生态环境宣教的年度盛宴。一项活动，连续做了七年，每年都有新意，创新的是形式和平台，不变的是围绕中心工作的坚持。当坚持已成为坚守，活动本身就已是文化了。

『美丽中国，我是行动者』2020 年生态环保主题国画大赛　三等奖

作品名称：黄土地上的人家　作者：李志强

07 中国石化公众开放日

开放源于阳光 了解消除误解
企业践行环境社会责任的典范

省　　份：企业公司

组织单位：中国石油化工集团有限公司

面向领域：综合、学校、社区或家庭、农村、企事业单位

为加强沟通、改善形象，服务企业生存发展，中国石化从 2012 年起在全系统发动组织了“开门开放办企业”活动。在此基础上，2016 年 4 月升级为“中国石化公众开放日”大型品牌活动，至今已累计邀请 17 万人次现场参观。目前，中国石化 70 余家所属企业在国内近百座城市持续开展此项活动。在内部，活动得到企业充分认可，各企业态度积极、参与踊跃；在外部，活动广受好评，成为央企首个品牌化公众开放日活动，以及我国工业企业中最大规模的公众开放日活动，展示了中国石化创新、绿色、开放的企业形象。2018 年 9 月 11 日，中国石化公众开放日活动荣获 SABRE 亚太区域品牌和声誉管理杰出成就金奖。2019 年 8 月 5 日，获全国企业文化优秀成

果特等奖。

初见成效，中国石化公众开放日活动介绍

一是各方认可，创新打造活动新品牌。“中国石化公众开放日”的活动主题是“探秘智慧能源”，与集团公司品牌规划“智慧能源、至美生活”高度契合，与集团的核心价值理念“为美好生活加油”高度吻合。国资委宣传工作局局长夏庆丰评价其为“央企标杆”，中国企业联合会会长王忠禹称赞其“赢得了社会尊重和公众点赞”。

二是释疑解惑，拓展重化工业发展新空间。活动有效消除了公众对石化企业的偏见和误解，展示了企业致力绿色环保的成效，打消了周边居民的顾虑，撕下社会舆论中“不安全、不环保、不开放”的负面标签。

三是多维沟通，打造石化集群科普新基地。中国石化专门为公众开放日活动制作科普短片《油迪的秘密》，通俗易懂地揭示了石油化工和人们衣食住行的密切关联。各企业通过一批科技展览中心、学生实践教育基地、科普基地、主题教育基地的打造，对石化企业自身和石油石化行业的健康发展发挥了积极作用。

四是倒逼加压，激发内部改善管理新动力。公众开放日是对企业经营管理的常态化“现场直播”。伴随活动开展，一部分企业增加了安环投入、党政“一把手”亲自督战“花园式工厂”整改设计；一部分企业形成了安环、消防、生产调度等多部门联动参与的工作机制，进一步强化基础设施建设，提升现场管理水平，改善生产生活环境，营造良好文化氛围。

五是新闻创效，助推企业探索提升经营效益新途径。以活动为契机，油田企业主动邀请合作伙伴、有实力的企业参观交流，为加强合作、打开外部市场夯实基础。销售企业瞄准优质、重点客户，邀请车主、企业大客户参加活动，带动公司油品和非油品的经营销量。

六是提振士气，开辟宣传队伍工作新舞台。多家企业通过选拔、

使用解说员队伍，形成了一条年轻人脱颖而出、争纷相至的成长通道。同时公众开放日也成为本单位对外接待的标准流程，使得宣传工作自然延伸和扩展到沟通领域，开辟了宣传队伍工作的新舞台，提高了宣传部门在本单位的“曝光量”和“存在感”。

品牌引路，推进活动规范化、常态化开展

在活动定位上，由各自为战的主题活动向集团统一的品牌活动转变；在目标受众上，由面向当地社区向面向更广泛公众转变；在活动主题上，由模糊的分散主题向集中的品牌规划主题转变；在活动方式上，由宣贯式的单向宣传向分享式的双向互动转变；在活动组织上，由重活动轻传播向线上线下并重转变。在活动设计上，把复杂问题程序化，把简单问题精细化。加强顶层设计，统筹推进“八个一”规范活动，取得了积极成果，即：一套标准化流程，规范所有公众开放日参与企业的参观流程围绕“探秘智慧能源”这一主题；一组统一的视觉体系，应用于活动和传播的全部过程和所有环节；一个活动代言人“油迪”——绿色卡通“网红”形象；一首广为传唱的主题神曲《Sinopec Open Day》；一个活动官方微信平台，每周固定时间发布活动消息，目前粉丝已经突破 6 万；一支成熟的解说员队伍，解说员队伍（志愿者）已经扩大到 1 000 多人；一本可复制活动的指导手册，各企业据此各自拟定参观流程和解说词，并根据视觉形象设计制作活动物料；一场反响空前的启动仪式并持续传播，每年 4 月 22 日前后，覆盖近半个中国的中国石化所属企业同时开门迎客，形成规模化传播效果。

群策群力，充分调动各方资源系统

一是控制关键节点稳步推进活动。以每年的世界地球日 4 月 22 日启动仪式为标志性节点，由总部宣传部统筹协调各家推进活动，

掌握工作节奏，控制关键节点。

二是用好模范企业“帮带”活动。中国石化公众开放日活动第一季只有 12 家单位，到第五季扩展到 89 家。按照业务板块相同、地域接近的原则，分组结对帮扶，促进了企业间的沟通交流，提升了工作效率。

三是用好专业“外脑”设计活动。专业的事情要专业的人来做，公众开放日的内容制作以专业公司为主，但前提是中国石化自身对活动的目标和作用做到心中有数。

清零起步，持续扩大品牌活动规模

2020 年 12 月 23 日，在全国环保设施和城市污水垃圾处理设施向公众开放现场会上，中国石化已做出 2020 年所有生产企业环保设施全面开放的郑重承诺，这份沉甸甸的承诺既是中国石化落实生态文明建设要求、坚决打好打赢污染防治攻坚战的重要举措，也是公众开放在石化行业纵深发展的重要体现。下一步，中国石化将按照上级部门的统一要求，持续优化活动流程，提升活动效率，扩大活动影响，将“中国石化公众开放日”品牌活动打造成境内外公共沟通的行业典范，让公众开放日成为全国企业共同的品牌活动，让开放的理念成为全国企业的共同价值追求。

开放源于心态阳光，了解消除误解偏见，这是保障公众知情权的基础，也是追求。“中国石化公众开放日”是企业环境信息公开的模范，也是企业践行社会责任的体现。公众看见的，是企业的绿色形象和科技含量，感受到的，是企业的高度自信和环境担当。

『美丽中国，我是行动者』2020年生态环保主题国画大赛　三等奖

作品名称：江山如画　作者：王国军

江苏省“长江大保护绿色共成长”行动计划

十二年　和长江一起成长
让人充满期待的大手笔设计

省　　份：江苏省

组织单位：江苏省生态环境厅、江苏省委宣传部、江苏省文明办、江苏省教育厅、共青团江苏省委、江苏省妇联、新华报业传媒集团、江苏省广播电视总台

面向领域：综合、学校

“长江大保护绿色共成长”行动计划由江苏省生态环境厅、江苏省委宣传部、江苏省文明办、江苏省教育厅、共青团江苏省委、江苏省妇联、新华报业传媒集团、江苏省广播电视总台 8 家单位联合主办。

对标联合国《2030 年可持续发展议程》，以孩子成长为视角，沿江八市同步联动，持续 12 年长期跟踪记录长江环境质量，记录检测数据的同时记录孩子们的身高、体重等生理指标以及绿色成长足迹，将长江生态环境改善和孩子绿色健康成长紧密相连。

2019 年年初，江苏省生态环境厅发起行动创意，由江苏省环保宣教中心与“交汇点”新闻共同拟定具体行动计划，分别跟江苏省委宣传部、江苏省文明办、江苏省教育厅、共青团江苏省委、江苏省妇联、新华报业传媒集团、江苏省广播电视总台等 7 家单位逐一沟通，达成联合主办的共识。

2019 年 5 月 17 日，由江苏省生态环境厅会同省教育厅、省文化和旅游厅、省总工会、共青团江苏省委、省妇女联合会、省科学技术协会、少先队江苏省工作委员会等 8 家单位联合发文《关于在全省中小学幼儿园集中开展六五环境日宣教活动的通知》（苏环办〔2019〕165 号）正式启动本案例。

2019 年 6 月 1 日上午 10 时，江苏沿江八市统一行动，组织选拔出的 115 名“长江大保护小使者”，同步在南京、镇江、扬州、常州、泰州、无锡、南通、苏州沿江八市的长江边采集水、空气、土壤标本，共同为长江“体检”，标本检测数据、“小使者”身高、体重等生理指标以及绿色行为足迹同步录入网络平台，制作成绿色共成长手册。在 6 月 5 日的行动计划启动仪式上，主办单位领导嘉宾向“长江大保护小使者”基地学校代表颁发“‘长江大保护小使者’基地”铭牌、向“绿色成长辅导员”志愿者代表颁发“绿色成长辅导员”聘书、向“长江大保护小使者”代表颁发“长江大保护小使者”证书、“绿色共成长手册”及“‘长江大保护小使者’奖牌”。

2019 年 6 月 5 日“长江大保护绿色共成长”行动计划启动仪式当天，直播、视频、图文稿件全网点击量超 1 560 万次。

随后，活动扩展至长江沿线，组织“长江大保护小使者”赴宜宾、重庆、武汉、上海等长江沿线重点城市，与当地孩子交换采集到的水、土壤和空气样本，并邀请这些孩子加入行动中。

目前，该活动入选《环境保护》杂志社主办的“2019 环境保护宣传教育品质之星”。

2020 年，“交汇点”新闻策划了行动计划新栏目《古韵新声话长江》。2020 年 1 月 5 日正式上线第一期，至今已经发布 15 期。《人民日报》、央视频客户端等权威媒体，百度、今日头条等平台，腾讯、优酷等主流视频客户端都加以转载。该栏目以“长江大保护小使者”朗诵与长江有关的古诗词形式，结合与长江有关的时事热点，邀请社会各阶层人士，讲述他们与长江的故事。目前为止，嘉宾有江豚保护协会会长、学者专家、中小学校长和教师、致力于长江生态环境保护的环保志愿者、江苏援黄石的医护工作者、江上捕鱼人、江上领航员。抗击新冠肺炎疫情期间，“交汇点”新闻还邀请了同饮一江水的武汉和黄石老师、学生与江苏的“长江大保护小使者”互动，齐颂古诗词，手绘儿童画表达共同战胜“疫情”的美好愿望。新栏目《古韵新声话长江》在古今交融中展现、传承了别样的长江之美。

阳光灿烂，江风和煦。江苏沿江八市“长江大保护小使者”像串联的一粒粒绿色种子，与江水共融共成长，有如“长江大保护”里的一朵朵绚丽的浪花。

『美丽中国，我是行动者』2020 年生态环保主题国画大赛　三等奖

作品名称：青山绿水胜金山　作者：武萌萌

广东省“不留白色污染”主题宣传活动

抵制白色污染　践行绿色生活
一次非常成功的主题宣传活动

省　　份： 广东省

组织单位： 广东省生态环境厅、广东省精神文明建设委员会办公室、广东省教育厅、广东省自然资源厅、广东省住房和城乡建设厅、广东省文化和旅游厅、广东省体育局

面向领域： 综合

2019年5月至12月，广东省生态环境厅、广东省精神文明建设委员会办公室、广东省教育厅、广东省自然资源厅、广东省住房和城乡建设厅、广东省文化和旅游厅、广东省体育局共同举办了“不留白色污染”主题宣传活动。活动通过“来一场不留白色污染的体育赛事”“来一趟不留白色污染的古驿道旅程”“来一回不留白色污染的绿色出行”“过一次不留白色污染的绿色节日”“开展一次不留白色污染的主题宣传活动”“开展一次不留白色污染的手机摄影美术活动”等六个主题活动，在全省内营造绿色生活、自觉抵制

白色污染的浓厚社会氛围，充分展示广东人民自觉践行习近平生态文明思想的绿色生活方式，具体内容如下。

来一场不留白色污染的体育赛事

2019 年 11 月 30 日，广州城市乐跑赛在海心沙举行。广州市政府副秘书长张建华，梅州市委常委黄文沐，团省委副书记唐锐，国家级非遗传承人、第十三届全运会太极拳冠军陈娟，雅典奥运会羽毛球女双冠军张洁雯等领导和嘉宾参加开幕式。活动吸引了 104 家单位（含 18 家政府单位），4 056 位跑者（超过 600 位政府跑者）踊跃参加。活动现场，“环保”“不留白色污染”“零废弃”的赛事理念吸引了 CCTV–5、央广新闻、大湾区之声、学习强国、广东电视台、南方日报等中央、省级媒体的广泛关注和报道。此外，本届赛事还荣获“广东省生态环境保护志愿服务优秀组织奖”。

来一趟不留白色污染的古驿道旅程

2019 年南粤古驿道定向大赛成功联合江西、广西等省份，跑进梅州、清远、阳江、茂名、河源、佛山、云浮、韶关、肇庆等九市，吸引 37 个国家及地区共 6 497 人参赛，近万名粤、桂、赣三省古驿道沿线群众参与。各站赛事中，“不留白色污染的旅程”的宣誓成为惯例，文明办赛、生态办赛成为定向大赛的办赛准则之一。

来一回不留白色污染的绿色出行

2019 年 9 月 21 日、10 月 11 日，肇庆市先后在高要区丽晶码头西江河滩、鼎湖区广利社区开展净滩、知识普及活动，吸引了自然之友公益组织、河流守望者公益组织等社会团体及逾 300 名市民参加。志愿者们先后在丽晶码头西江河滩、鼎湖区广利社区开展“不留白色污染”行动。9月28日，“不留白色污染”的绿色出行徒步活动在肇庆北岭山石牌广场举行，活动约吸引5 000人参加。

过一次不留白色污染的绿色节日

2019年六五环境日活动期间，深圳、惠州、江门、潮州等市组织生态环保部门工作人员、志愿者开展清洁海滩“不留白色污染”活动，用实际行动践行“美丽中国，我是行动者”的诺言。

开展一次不留白色污染的主题宣传活动

在广东省生态环境厅指导下，相关社会组织在全省各地市面向涉污企业开展“灯塔行动计划”系统培训工作，向企业广泛传播“不留白色污染”理念，帮助企业做好环境管理，实现绿色转型。

“宜居广州”民间环保组织也分别在文化交流类活动、生态农墟等不同类型的11场活动中，以摊位宣传互动等形式倡导和传播“活动零废弃”“不留白色污染”理念，提高公众对绿色理念的关注度与参与度。

开展一次不留白色污染的手机摄影美术活动

在广东省生态环境厅指导下，组织开展“粤来粤美——广东生态环境保护摄影大赛”，号召公众通过“随手拍”的方式，记录身边生态环境保护正在发生的变化与发展，体现公众对保护绿水青山的美好祝愿。

全省上下联动、同频共振，在南粤大地掀起了“不留白色污染”的热潮，激发了企业、公众、媒体等社会各界的参与热情，增强了公众保护生态环境的自觉性和主动性，营造了自觉抵制白色污染、践行绿色生活的浓厚社会氛围。

『美丽中国，我是行动者』2020 年生态环保主题国画大赛　三等奖
作品名称：山里人家　作者：王　飞

浙江省
“绿满港城”行动

一个平台　多元主体　多个渠道
工业地区公众参与的可行路径

省　　份：浙江省

组织单位：宁波市生态环境局北仑分局

面向领域：综合

宁波市北仑区是宁波—舟山港的核心所在地，区内拥有五个国家级开发区，是华东地区重要的能源原材料和先进制造业基地，是浙江省对外开放程度最高、综合实力最强的区域。2019 年实现地区生产总值 1 961 亿元，财政收入 622 亿元，是中国长三角南翼重要的经济强区和先进制造业基地，综合实力跻身全国县（市、区）第一方阵。

在临港工业高速发展的同时，历届区委、区政府高度重视生态文明建设，坚持以习近平生态文明思想为指导，深入贯彻“绿水青山就是金山银山”的理念，在全面打好污染防治攻坚战，加强政府环境监管力度的同时，积极探索多元化社会主体参与生态环境治理机制，全力推进“绿满港城”环境治理行动，推进区域临港工业和生态文明并蒂花开。

“绿满港城”行动主要是以全省首家集生态建设成果展示、生态文明教育、低碳环保体验、智慧环保监管等功能为一体的生态文明教育馆为核心阵地，以开展“市民眼中的生态北仑”全媒体参访活动为主线，向外延伸设立环保绿色线路、打造环保志愿者队伍、筹建环保慈善公益基金、构建“保障+服务+补偿”绿色保险等多渠道、多主体、多手段的引领公众参与环保治理的模式，呈现以“1 + X”为主要特点的环境保护公众参与北仑新模式，实现单一的政府生态环境治理转向“公众—企业—政府”共同治理，实现单一的环境监管形式转向生态现场体验、点单式执法、新闻发布会等多样化监管手段，实现单一的“环境保护宣传”上升到“生态环境文化”建设范畴，真正实现绿色治理细胞覆盖辖区各个领域、各个行业、各个角落，绿色治理理念深入社会公众。

自行动开展以来，北仑生态文明教育馆累计接待机关、学校、社区、企事业单位以及国家、省、市、区各级访问团4万余人次，组织开展“市民眼中的生态北仑”全媒体参访活动30余期，在活动引领下，相继吸收组建12支环保志愿者、环保义务监督队伍，成功监督企业异味扰民、冒黄烟等区域突出环境问题，推动吉利汽车有限公司春晓工厂、光大能源宁波公司、北仑发电厂等10家区域重点企业向全社会开放环保基础设施，推动宁波斯迈克制药、欧诺法化学等化工、电镀行业龙头企业带头试点生态环境绿色保险项目。2016年，在志愿者与政府共同推动下，更是成立了全国首个环保公益基金，累计募集环保公益基金2 000余万元，为区域环保公益项目的开展提供了强有力的资金保障。

目前，全区先后成功创建“国家生态工业示范园区”“国家级生态示范区”“省级生态文明建设示范区”“国家生态文明建设示范区”，相继成为国家循环化改造、国家环境污染第三方治理、首批国家低碳工业园区、全国第一批河湖管护体制机制创新试点，4

次捧获全省五水共治“大禹鼎”，斩获治水最高荣誉“大禹鼎”银奖，生态文明教育馆被评为“全省生态文明教育示范基地”“全区爱国主义教育基地”，区域环境公众参与率、知晓率、满意率全面提高，环境领域信访投诉逐年下降。“环境公众参与的北仑模式”获得浙江省省委副书记、宁波市市委书记郑栅洁的批示，并且得到了生态环境部和省环保厅领导的充分肯定。

北仑区委、区政府深刻认识到，生态文明建设需要久久为功、善作善成，在全面打好污染防治攻坚战、加强政府环境监管力度的同时，广泛动员政府机关、企业、群众等多元化社会主体参与生态文明建设。“绿满港城”行动作为环保公众参与的新模式，正是在此背景下应运而生的。几年的实践证明，这个模式是成功的，正在助力北仑走出一条“生产、生态、生活、宜居、宜业、宜游”的具有临港工业特色的生态文明之路。

『美丽中国，我是行动者』2020 年生态环保主题国画大赛　三等奖
作品名称：新安家园　作者：汪元庆

新疆维吾尔自治区

——蒙泰依*们和她们的黑肥皂

一次自制黑肥皂的传承和创新
偏远地区社区共管的生动实践

省　　份： 新疆维吾尔自治区

组织单位： 新疆山水环境保护与可持续发展中心、新疆阿尔泰山国有林管理局、新疆阿尔泰山两河源自然保护区管理局、新疆阿勒泰地区青河县郭勒乡人民政府

面向领域： 农村

黑肥皂生产项目在新疆维吾尔自治区两河源自然保护区周边社区，以“社区共管”的理念和方法，通过发展少数民族妇女传统手做天然黑肥皂的社区产业，发动村民开展与水资源保护相结合的替代生计，实现牧民家庭的多元生计来源，减少对放牧的单纯依赖，

* 蒙泰依原本是阿尔泰山两河区自然保护区旁的江布塔斯林的一位普通的牧区老人，70岁的她带领姐妹们制作传统天然黑肥皂，保护了环境，增加了收入。

减少由于过度放牧给保护区内湿地保护带来的环境压力，有效解决保护区与周边社区间的资源竞争和冲突。

项目活动主要包括社区生态保育宣传、社区共管委员会和妇女小组等社区组织培育、传统手做天然黑肥皂制作、社区学习传承活动等。同时设立社区发展基金，黑肥皂等替代生计产品销售收入的10%作为该基金的一部分循环利用，支持开展社区生态旅游等替代生计，回馈湿地（草场）保护。

在“社区共管”模式中，引入“社会—文化支持系统”，以生态文化传承与生物多样性保护相结合为核心开展社区共管。项目重点关注社区自我管理替代生计项目的能力，引入了参与式发展的理念和方法培育社区组织及骨干，激发社区参与生物多样性保护的积极性，找到了社区自身的发展策略。同时，“社区共管”的实践过程也带动了生态文化的继承和创新，使传统生态文化得到创造性的转化和发展，使项目村具备以生态文化传承为基础的可持续发展能力。

阿尔泰山因其壮阔的自然景观、独特的生物多样性举世闻名，是全国25个关键“生态功能区”之一，也是世界自然基金确定的全球200个生物多样性热点区域之一。气候变化、不合理地开发利用、过度放牧等因素不同程度地威胁该区域生态系统的完整和健康，出现了栖息地退化、生境丧失和破碎化等问题。环境保护与资源利用之间的冲突严重，草畜矛盾突出，世代在保护区内及周边放牧的牧民因缺乏替代放牧的劳动技能和资源，面临生计和发展的困难。

项目村毗邻阿尔泰山两河源自然保护区，为哈萨克族聚居村，2010年结束游牧开始定居，村民主要经济来源为牛羊养殖，对放牧极度依赖，在经济发展的过程中相对边缘化，是气候变化、生态退化直接影响的群体。当地牧民世代放牧的夏季牧场，就在保护区范围内，保护区只能通过限制牧羊数量来控制载畜量。由于牧民生计模式长期落后、低效造成了发展动力缺乏、发展资源不足的困境，在社区层面上缺少带动贫困牧民主动改变的资源和智力支持，保护与发展的矛盾一直存在。

截至2019年12月，黑肥皂生产项目组织实施传承技能培训累计15场，培训村民100多人次，村里妇女几乎全部接受了培训。小组成立后两年间，共卖出893块黑肥皂，收入24 616元，66户牧民家庭直接受益。结合两河源保护区和当地政府的减畜等多项政策的实施，66户家庭合计减少养羊1 210只。黑肥皂的传统手做技艺及其蕴含的生态文化也得到了有效传播。

“美丽中国，我是行动者”

2020 年百名最美生态环保志愿者名单

北京市

郭　耕　　北京麋鹿生态实验中心
栗　阳　　北京多利洁环保科技有限公司
杨晟颢　　中国石油大学（北京）地球科学学院
董　雁　　北京市第五中学

天津市

刘园园　　天津农学院
丘美玲　　天津滨海环保咨询服务中心

河北省

王立文　　廊坊市安次区东沽港文化站
刘振兴　　衡水广播电视台
王惠远　　秦皇岛市北戴河区育花路小学退休教师
王成东　　沧州市新华区大运河爱心志愿协会

山西省

银建鹰　　忻州市环保志愿者协会

赵　磊　　太原市萌芽环保协会

内蒙古自治区

何润花　　内蒙古阿拉善左旗教学研究与教师培训中心

代守扬　　呼伦贝尔环保志愿者协会

韩玉超　　内蒙古环保科技行业协会

辽宁省

张志勇　　沈阳市环保志愿者协会

于祥年　　正大能源材料（大连）有限公司

董　礼　　盘锦市双台子区九化小学

吉林省

李　虹　　松原市卓越园林绿化有限公司

于海珍　　抚松县实验学校

黑龙江省

赵　庆　　兰西县兰亚街道办事处

上海市

陈海明　　上海市金山区金山卫镇西门居民委员会

张海峰　　上海电力股份有限公司吴泾热电厂

宋　慧　　上海静安区爱芬环保科技咨询服务中心

江苏省

陈宜林　扬州市江豚保护协会
张兴建　如皋市绿色科普志愿服务协会
张建伟　海门市张建伟环保志愿者协会
朱　明　镇江市绿色三山环境公益服务中心

浙江省

倪铁坚　金华市绿色生态文化服务中心
王金熙　台州市黄岩区环保志愿者协会
何　力　岱山县鱼跃千岛社工服务中心
饶蔚平　浙江省江山市锦绣江山志愿者协会

安徽省

刘　辉　亳州市谯城区青年志愿者协会
肖吕应　安徽省铜陵市义安区胥坝乡群心村
姜清泉　义城街道夕阳红志愿服务队

福建省

朱昌藏　福鼎市青少年环保志愿者协会
陈彦君　厦门市湖里区绿水守护者生态环保中心
池必书　福州市台江区绿闽青年志愿服务中心

江西省

王祥有　江西省赣州市崇义县铅厂镇义安村
彭启萍　萍乡市湘东区志愿者协会
邹海斌　江西日报社宜春分社、宜春市微爱公益发展中心

肖冬样　江西省鹰潭市龙虎山景区上清镇护林队

山东省

徐立强　青岛市城阳区野生动植物保护协会
刘晓波　威海市普陀路小学
周文龙　亚太森博（山东）浆纸有限公司

河南省

顿　涛　郑州市红十字水上义务救援队
宋克明　河南省长垣市绿色未来环境保护协会

湖北省

王继承　武汉市江汉区大兴路小学
董　清　湖北中油优艺环保科技有限公司
孙治斌　荆门市环境保护志愿者协会
李　冰　随州曾随文化有限公司

湖南省

章志标　湖南绿色潇湘环境发展中心
张运和　浏阳市农业农村局退休干部
李剑志　沅江市职业中等专业学校
刘　科　湖南省创意环境科技传播中心

广东省

梁一元　广东省廉江市野生动物救护中心安铺救护站
路小轩　惠州大亚湾区蓝色海湾公益协会
许楷楠　深圳市龙华区零废弃促进会

李湘晔　　广州市绿点公益环保促进会

广西壮族自治区

闫　维　　广西信用促进会
彭兆幸　　广西壮族自治区宜州区龙头乡龙盘村向南屯
虞小燕　　广西壮族自治区桂林市临桂区临桂中学

海南省

李金龙　　海口市绿涯青年公益事业发展中心
冯　丹　　三亚市环境保护协会
周吉祥　　三亚市蓝丝带海洋保护协会

重庆市

肖远福　　重庆友邦船务有限责任公司
郑隆明　　重庆市潼南区塘坝镇封坝村 6 组
冉西西　　重庆市绿色蒲公英乐团
阳登喜　　重庆市登喜食品有限公司

四川省

刘　莉　　四川省成都市西安路小学校
李　攀　　乐山绿城青少年服务中心

贵州省

黄通明　　贵州省绿布谷生态文化传播中心
唐　瑜　　贵阳黔仁生态公益发展中心
兰高远　　贵阳公众环境教育中心

云南省

卓衍涛　云南省昆明市五华区丰园小学
张　琦　云南省蒙自市森林公安局
冯祖国　云南省德宏州盈江县油松岭乡郭家寨村二村三组

陕西省

王晓先　西安工程大学
白孝林　陕西省渭南市澄城县城市管理执法局
王西平　咸阳市生态环保志愿者协会（原咸阳市企业环保志愿者协会）
何　清　西安苏酶会展文化传播有限公司

甘肃省

刘文博　庆阳市蒲公英志愿者协会
马鸿丽　甘肃一山一水环境与社会发展中心
赵永秀　金川集团工程建设维检修公司

青海省

尤鲁青　青海省环境教育协会
李守艳　青海海平旅游开发有限公司

宁夏回族自治区

吴尚轩　宁夏生态文明促进会
刘　鹏　宁夏环保志愿者协会

新疆维吾尔自治区

申　煜　乌鲁木齐沙区荒野公学自然保护科普中心
王新艾　新疆维吾尔自治区野骆驼保护协会

苟　军　　新疆观鸟会
陈雨箫　　百鸟汇志愿者团队

新疆生产建设兵团

马献民　　新疆生产建设兵团第六师红旗农场三连退休职工
李信志　　新疆生产建设兵团第十二师二二二团八连退休职工
马　兰　　新疆生产建设兵团石河子市新城街道七社区

中国环境科学学会　推荐

黄耿博　　重庆交通大学
彭保航　　河北环境工程学院

中华环境保护基金会　推荐

刘康福　　武汉市城市防洪勘测设计院有限公司
欧阳湘萍　南戈特（北京）科技有限公司
汪　周　　一德期货有限公司退休干部
梁清华　　浙江大学

“美丽中国，我是行动者”

2020 年十佳公众参与案例名单

案例名称：环保设施向公众开放 NGO 基金项目

组织单位：中华环境保护基金会、中华环保联合会、美团外卖青山计划

案例名称：“山水之城　美丽之地”主题志愿服务活动

组织单位：重庆市委宣传部、重庆市精神文明建设委员会办公室、重庆市农业农村委、重庆市生态环境局、重庆市城市管理局、重庆市水利局、重庆市林业局、共青团重庆市委、重庆市妇女联合会

案例名称：创建“龙江生态小卫士”

组织单位：黑龙江省环境保护志愿者联合会

案例名称：劲草嘉年华

组织单位：阿拉善 SEE 基金会

案例名称：四川省环保宣传教育公益示范项目

组织单位：四川省生态环境宣传教育中心

案例名称：北京市生态环境文化周
组织单位：北京市生态环境局

案例名称：中国石化公众开放日
组织单位：中国石油化工集团有限公司

案例名称：“长江大保护绿色共成长”行动计划
组织单位：江苏省生态环境厅、江苏省委宣传部、江苏省精神文明建设指导委员会办公室、江苏省教育厅、共青团江苏省委、江苏省妇女联合会、新华报业传媒集团、江苏省广播电视总台

案例名称：“不留白色污染”主题宣传活动
组织单位：广东省生态环境厅、广东省精神文明建设委员会办公室、广东省教育厅、广东省自然资源厅、广东省住房和城乡建设厅、广东省文化和旅游厅、广东省体育局

案例名称：“绿满港城”行动
组织单位：浙江省宁波市生态环境局北仑分局

案例名称：蒙泰依们和她们的黑肥皂
组织单位：新疆山水环境保护与可持续发展中心、新疆阿尔泰山国有林管理局、新疆阿尔泰山两河源自然保护区管理局、新疆阿勒泰地区青河县郭勒乡人民政府

"美丽中国，我是行动者"
2020 年生态环保主题摄影大赛优秀作品名单

一、美丽中国大好风光

一等奖

《宝日图晨雾》 张青林

二等奖

《冬格措纳湖之秋》 李友崇
《塔河冬韵》 侯 琦
《迁徙的藏羚羊》 曹枝清
《大美箭扣》 刘 丽

三等奖

《沙坡头黄河九龙湾》 曾国福
《雅丹地貌》 冯锐强
《黄河命脉》 蔡 征
《醉美河山》 邓由光
《壶口奇观》 于钦博

《古格王朝遗址》	黄　婕
《“心”境》	郑耀德
《云上阿者科》	龙　俊
《南迦巴瓦雪山》	林义斌
《美丽草原》	黄　雄
《雪染红杉醉西湖》	艾　琳
《最后的江南秘境》	余程程
《枸杞岛夏夜》	曹　刚
《奋勇争先》	孙华金
《神秘石林》	龚　斌
《天鹅泉》	申旭辉
《山河乾坤》	宋传东
《赏雪景》	戎文文
《贡嘎银河拱桥》	侯江春曦
《天上阿里》	胡敏思
《黄山胜景》	邓贺祥
《冰雪泛舟》	王建新
《牧羊黄河滩》	黄洪峰
《穿越黄河石林二十二道弯》	邱新生
《别有洞天》	薛万银
《神仙湾》	刘光惠
《雪地天鹅》	张海峰
《争斗》	叶家骐
《加榜梯田》	罗京来
《美丽呼伦贝尔》	孙明胜

二、生态文明建设行动

一等奖

《阻断疫情传播的地下通道，环境监测人员在行动》

刘　俊

二等奖

《监测不放松》　蒋　宁

《刻不容缓》　魏　岚

《奶奶分类放垃圾》　薛吉信

《疫情之下的红嘴鸥志愿者》　赵剑波

三等奖

《海岸净滩》　董俊毅

《模拟垃圾分类》　郑雯红

《学习垃圾分类投放》　贾天勇

《亲近大自然》　崔玉平

《酸雨监测》　刘　海

《以练为战》　张帅帅

《500农民工寒冬清淤南明河》　乔啟明

《河长制－就是好》　张春连

《携手共建生态思南》　李大勇

《放生》　赵建洪

《环境意识项目进新疆》　杨涛利

《自己动手》　黄中昱

《垃圾分类民间环保志愿者在行动（组图）》　崔宪伟

《复杂环境下的责任》　唐俊杰

《探索海洋奥秘》　王　诺

《治理沙漠 巾帼建功（组图）》 李建忠
《接诉即办》 赵 勇
《靠前战“疫”》 郭艳彤
《碧水蓝天》 颜春骏
《暴雨过后 清洁母亲河》 臧秀德
《聚精会神》 陈树成
《智慧工地喷淋系统守护“南京蓝”》 唐伟利
《守护碧水》 高小华
《环保人正对河流进行采样监测》 吴岑岑
《开展环境应急演练，以练促学提升应急管理能力》 王伟韬
《用脚步丈量河流 用行动保护水源》 杨春岚
《2019 深圳国际海洋清洁日掠影》 邹碧雄
《水环境的秘密（组图）》 刘 科
《地铁环卫工》 武普照
《把好“水处理”关》 张建峰

三、人与自然和谐共生

一等奖

《小藏狐的好奇心》 赵育海

二等奖

《奇象》 戎文文
《海上飞伞》 卢 文
《守望》 李忠慧
《救助藏原羚》 宋林继

三等奖

《赛里木湖之春》	沈志君
《马路天使》	谭树禄
《草原的光与影》	王宗超
《桃源夜话》	陈广程
《勇者》	靳　芳
《游牧图》	杜尔斯别克·扎肯
《山清水秀草茵茵》	万承尧
《达古冰山》	荣庆军
《仙雾荷塘》	招力行
《梦幻红杉林》	脱秋菊
《步步高》	李咸生
《好朋友》	蒙晓东
《和谐》	王红海
《马上生辉》	李新旺
《人间仙境》	余光龙
《人与自然》	叶镕炜
《草原的孩子》	张青林
《走在乡间小路上》	黄洪峰
《踏雪而归》	曹巨波
《神奇的三门海地下河天窗》	黄勇士
《行走在雪国的世界》	刘光惠
《老表相见，以水相迎》	周宗毅
《杏花树下的欢快》	林　漫
《山河无恙笑春风》	陈希健
《我跟妈妈赶海归》	张维健
《和谐金秋》	胡拥军
《秋收》	张德军

《最浪漫的事》 李 立
《探秘》 邓文佐
《美丽家园》 许本燮

"美丽中国，我是行动者"
2020年生态环保主题书法大赛优秀作品名单

一等奖

《生态环保主题诗词选抄》 王丽新
《古贤题画诗二首》 王洪旭
《生态文明讲话选录》 韩连春
《雨过芳草连天碧　春到寒梅映日红》 郑宝忠
《王维田园诗选录》 张慧明

二等奖

《泉清堪洗砚山秀可藏书》 刘儒彪
《生态文明语录》 于建业
《〈菜根谭〉数则》 万建民
《人文生态》 刘建祯
《〈兰亭序〉节选》 张志昆
《古诗六首》 杨　然
《生态文明思想语录》 辛元杰
《桃花源记》 吴永杰
《清溪》 孙　航

《生态文明思想摘录》　陈　飞

三等奖

《生态文明思想金句》　夏文录
《社会主义生态文明建设纲要》　范乾龙
《〈孟子〉选抄》　陈园园
《随园诗话》　祖秉发
《滕王阁序》　王　鹏
《唐代书论选抄十则》　艾振华
《黄河行》　张　群
《城乡人居环境改善》　张生宗
《归辋川作》　徐云峰
《生态文明思想金句》　艾玉卿
《右溪记》　武文俊
《保护家园　净化环境》　刘建祯
《生态文明思想数则》　柴小山
《美丽大中华》　崔长华
《春夜喜雨》　林桂芹
《春江花月夜》　张曙光
《古诗二首》　穆怀明
《环保铁肩担日月　绿色情怀理山河》　李时间
《远海吞边月　长城锁乱山》　王　孟
《饮酒》　卢建伟

“美丽中国，我是行动者”

2020年生态环保主题国画大赛优秀作品名单

一等奖

《溪山清韵》 杜喜俊

《写意花鸟》 周芳梅

《汲水图》 赵　栋

二等奖

《故土乡恋》 匡学礼

《赏秋图》 宋希国

《工笔花鸟》 曹晓玲

《春暖花开》 吴书文

《春光灿烂》 李懿轩

三等奖

《山里人家》 王　飞

《青山绿水胜金山》 武萌萌

《绿水青山就是金山银山》 曾　民

《黄土地上的人家》	李志强
《春意盎然》	崔　忠
《江山如画》	王国军
《新安家园》	汪元庆
《万叶秋声》	周常义
《常在青山绿水间》	樊　高
《紫藤》	阎文红

"美丽中国，我是行动者"2020 年生态环保主题国画大赛

三等奖

作品名称：紫藤

作　　者：阎文红

“美丽中国，我是行动者”2020 年生态环保主题摄影大赛
人与自然和谐共生　三等奖

作品名称：和谐
作　　者：王红海

通过努力，看到垃圾就捡，已经成为群众的生活习惯

砥砺前行，用爱构建人与自然和谐之美——何

天更蓝，水更清，山更绿，居更佳，环保志愿，你我齐参与！

誓将生态环境保护公益事业进行到底！——章志

在人们心灵播撒生态文明种子，无限快乐！——陈宜

生态保护是功在当代，利在千秋的崇高伟大事业。

爱构建人与自然和谐之美——何力

绿，居更佳，环保志愿，你我齐参与！——陈海明

践行环保行动，守护碧水蓝天，我奉献、我快乐——张兴建

；生态中国，我们守护！——路小轩